Omgiven
av
Psykopater

這種病

瑞典行為科學家教你利用DISA性格學，徹底擺脫病態人格者的暗黑操控

Thomas Erikson

湯瑪斯・埃里克森——著　林麗冠——譯

導讀

關於本書的四個概念

楊聰才身心診所院長、公共衛生醫學博士　楊聰財

關於病態人格（Psychopath）這個名詞，我想大多數的人都曾耳聞過，但可能對這類人並非完全了解。其實病態人格無處不在，不一定只有作奸犯科的人才是病態人格者。本書中主要談論的是那些並沒有犯下滔天大罪，卻讓人痛苦不堪的病態人格者。在這裡，我簡單列出四大重點，讓大家能夠迅速知道本書的核心概念，閱讀起來也比較輕鬆。

1. 病態人格有二十項主要特徵

可利用下頁的海爾病態人格檢核表修訂版（PCL-R），來檢視自己或是周遭的人，在性格上是否具備以下特徵。關於細項的解說可以參照內文第一章的內容。但即

便自己或周遭的人有符合以下幾點也無須過度恐慌。這份檢核表需搭配評分標準，來一併審核。假使得分超過十五分以上，就必須要多加警覺了。

1.花言巧語和膚淺的魅力	11.不負責任
2.過度高估自己	12.早期行為問題
3.缺乏悔意或罪惡感	13.成年後出現反社會行為
4.冷酷無情，毫無同理心	14.寄生蟲式的生活
5.病態性說謊	15.性濫交
6.狡猾，愛操縱別人	16.缺乏實際的長期目標
7.情緒反應淡泊或無情緒反應	17.不對自己的行為負責
8.容易衝動	18.青少年犯罪
9.自制力差	19.有過被撤銷緩刑或假釋的記錄
10.需要刺激	20.犯下各種罪行

2. DISA性格學的定義

作者湯瑪斯・埃里克森提出的DISA性格學，是依據瑞士心理學家榮格（Carl Gustav Jung）的心理類型理論，以及美國心理學家馬斯頓（William Moulton Marston）的DISC行為分類系統而來，是為了要研究人們工作與生活的理論與發展。

DISA性格學在定義上與馬斯頓的DISC行為分類系統略有不同，作者把原本馬斯頓的第四個遵從型（Compliance），替換成分析型（analytical ability），因此稱作DISA。在DISA性格學中分成紅、黃、綠和藍四種顏色，代表每個人不同的性格類型。

3. 四種顏色類型的人與病態人格者之差別

作者湯瑪斯・埃里克森前言中有提到，病態人格並沒有任何顏色，或是說他擁有所有的顏色，但他們還是可以與每個顏色的人作區分。以下簡單用表格來說明：

類型	與病態人格共同之處	與病態人格不同
紅色性格	經常暴怒等情緒化表現	紅色性格做事喜歡親力親為；病態人格則是能閃就閃。
黃色性格	說謊的壞習慣	黃色性格被拆穿謊言時會顯得緊張、情緒起伏大；病態人格則是看不出破綻，冷靜以對。
綠色性格	不誠實、不願承擔任何責任	綠色性格是無意識地逃避責任；病態人格則是故意搞破壞而推卸責任。
藍色性格	自我中心、不關心別人	藍色性格是不愛經營人際關係；病態人格則是到處攀緣裝好人。

4. 擺脫操縱的六個步驟

(1)打破既定模式：不要像以往一樣沉不住氣。一旦遇到對方挑釁、責備時，不要立即反擊或澄清，而是學會「等待」。試著為自己製造一至五分鐘的思考時間（或者可以說是緩衝時間），想好對策後再回應。

(2)不斷重複你想說的話：當對方給予你壓力，強迫你做不想做的事情時候，就使用這招。拒絕對方時，回覆的言詞始終如一，要像一張不斷跳針的唱片一樣，不要更改內容，更不要因為對方情緒化的表現，又陷入圈套而妥協。只有態度一致，你才擁有掌控權。

(3)擺脫恐懼、擔心和內疚感：讓自己一點一點地變堅強，勇往直前，並學習與這些負面情緒共處。只要想著掌握自己的人生比對方的威脅還重要，就能無所畏懼。

(4)直接陳述對方的操縱行為：按照作者提供的說法，按順序確切說出對方的操縱手段。試著以冷靜且自信的聲音表達，建立雙方溝通的橋梁。

(5)徹底摧毀操縱行為：直接向對方攤牌，說你不會再接受對方的無理行為。如同第二點，你必須言行一致，不為對方的激烈舉動改變作法。

(6)開出你的條件：向對方解釋為了恢復雙方對等的關係，自己未來將採取的作法。當然這過程可能會相當慘烈，最後甚至會走上分開一途。但為了不再受對方病態的操縱，這是不得不去做的事。

有鑑於版面有限，僅為各位整理出筆者覺得精彩的地方，除了以上這四大重點以外，作者湯瑪斯・埃里克森對於各種顏色的人格特質，以及病態人格的描述還有更進一步的分析與闡述，值得各位翻開本書來仔細閱讀。

目錄

導讀——關於本書的四個概念　楊聰財　003

前言——為什麼這些人毫無良知？　013

第一部——認識無良的病態人格
——心理病態者，可能會是你的伴侶或朋友

第一章　病態人格者的真實面貌　038

第二章　預防病態人格者攻擊的三種方法　058

第三章　情緒操縱者，真的就在你身邊！　071

第四章　從DISA四色性格中，發現最真實的自己　082

第五章　相互操縱與背後的驅動力　119

第二部——我們與惡之間的距離

——從DISA性格學看四色人格與病態人格

第六章 看穿四色性格者的操縱招數 134

第七章 紅色的無心指責v.s.病態的刻意傷人 161

第八章 黃色的誇大事實v.s.病態的漫天大謊 171

第九章 綠色的逃避責任v.s.病態的故意擺爛 179

第十章 藍色的沉默寡言v.s.病態的無情忽視 186

第三部——一切都在他的掌握中！

——心理病態者如何接管你的情感、社交與人生

第十一章 操縱紅色性格者的關鍵：先取得他完全的信任 194

第十二章 操縱黃色性格者的關鍵：成為他唯一的朋友 209

第十三章 操縱綠色性格者的關鍵：故意製造衝突 220

第十四章　操縱藍色性格者的關鍵：收買他身邊的所有人　232

第四部——知己知彼，才能反操控
——破解惡意操縱者的掌控招數

第十五章　那些你意想不到的暗黑操縱術　246
第十六章　擺脫操縱的六大步驟　298
第十七章　對付病態人格者的最終絕招　326

結　語——遠離操縱，找回自尊　337
延伸閱讀　341

前言

為什麼這些人毫無良知？

「我們的社會是由一群瘋狂的人為了瘋狂的目的而運作，我認為這群瘋狂的人為了瘋狂的目的而操弄我們，所以我有可能因為講出這些話而被送進精神病院，那才是這件事最瘋狂的部分。」

——約翰・藍儂（John Lennon）

想像有個極具魅力，而且剛好是你喜歡類型的女人／男人坐在你對面，笑著對你說：「你是我見過最棒的人了！」你立即意識到對方沒騙你，她／他確實是這個意思。那個人詢問關於你的事情，想要知道你的一切，卻不談論自己，而且一副屋裡好像只有你們兩個人的樣子。接下來，話題重心都在你身上，你感覺很好，遠比你以往任何時候的感覺都來得好。對方表示欣賞你，一味說些友好的話，並且表達了你這輩子一直想聽到的那類情感。這個人似乎完全了解你是誰、是什麼樣的人、喜歡什麼、不喜歡什麼。你感覺好像終於找到了你的靈魂伴侶。這個人以某種難以言喻的奇怪方式，某種你從未感覺過的方式，深深打動你的心。

這些感受，你可以用你的心靈之眼看到嗎？你能在內心感受到嗎？如果可以，那會很棒，對不對？

現在的問題：是你能看著鏡中的自己，誠實地說「這件事不會影響你」嗎？你可以不輕易受浪漫的廢話影響；在被灌迷湯後，反而會馬上起疑，並意識到這個人其實心口不一，另有所圖？如果對方覬覦的不是你的身體，那可能就是貪圖你的錢。

在你回答問題之前先思考一下，因為如果你從未遇過這種情況，就永遠看不到危險。這個人會告訴你他的祕密，也會讓你說出你的祕密。你會回答他所有試探性的問題，而這些問題的唯一目的，是要盡可能套出與你有關的資訊。

什麼是DISA性格學？

五年前，在西元二〇一四年，我寫了一本書，名叫《身邊都是大白痴：如何理解那些難以理解的人》（*Omgiven av idioter*），內容是關於DISA性格學[1]的基礎知識，DISA性格學是世界上描述人類溝通與各種行為差異最常見的方法之一。這本書相當暢銷，光在瑞典就熱賣八十萬本，完全出乎我的預料之外，我相信這是因為很多人都像我一樣，對人類的行為相當感興趣。我們當然對別人的行為感興趣，但最重要的是，我們更好奇自己的行為。

我在第一本書和本書中運用的區分法，是根據威廉・莫爾頓・馬斯頓（William Moulton Marston）[2]的研究，將人的行為分成四種不同的顏色：紅色、黃色、綠色，

1　編注：源自於美國心理學家威廉・莫爾頓・馬斯頓的DISC行為分類系統（詳情請見編注2）。依據不同的用途，名稱會有所改變，但所敘述的觀念大同小異。作者把第四個名詞換成分析能力（analytical ability），因此把最後的C變成A。

2　編注：曾提出DISC行為分類系統，他發現人們對所處情境的自我察覺和情緒反應，會藉由四種主要性格來表達。馬斯頓於一九二八年出版《正常人的情緒》（*Emotions of Normal People*）一書。同時他也是《神力女超人》的作者、測謊機始祖。

和藍色，以幫助記憶。紅色代表支配型（dominance），黃色代表鼓舞型（inspiration），綠色代表穩定型（stability），藍色代表分析型（analytical ability）[3]。在下面章節中，可以找到各種顏色所代表含義的概述。這項工具可以用來解答許多關於人類行為的問題，但仍不能回答所有的問題。

人類太複雜以至於無法完整描述，若你對人們愈理解，就愈容易看出人際間確實存在差異。利用ＤＩＳＡ人格特質這項方法能解答大約八成的問題，雖然比例相當高，但並非全部有解，還必須將其他因素納入考慮，比方說性別、年齡、文化差異、驅動力、智力、興趣、各種經驗、是職場菜鳥還是老手、手足排行等。簡單來說，人際間的差異涵蓋許多面向。

但不幸的是，有些人選擇以完全錯誤的方式運用這些知識來操縱別人，而這絕不是我原本的目的。我現在想做的是讓你注意到這些人。

我經常被問到與ＤＩＳＡ性格學有關的問題是，是否有人可以擁有所有的顏色。我收到許多電子郵件，當中有讀者寫道：「我每一種顏色都有一點點。有時候我會表現出紅色性格，但平常是黃色和綠色性格，而在其他場合，我無疑是藍色性格。」這個問題的答案其實很簡單：我們都有能力掌握自己的任何行為，這要歸功於我們是能思考的聰明人類。黃色性格者增加自我覺察後，就會知道何時該少說多聽，而綠色性格者能學會表達衷心的意見，即使會導致衝突也不再逃避。就一般而言，通常會有兩種顏色來支配人們的行為。

沒有顏色的人

在《身邊都是大白痴》出版大約一年後，我遇到了一件令人不愉快的怪事。某天我到一所大學授課，下課時有個年輕人走到我面前，幾乎推開了其他也想上前提問的人，他看著我說他不知道自己是屬於哪種顏色。我問他這句話是什麼意思，他說我描述的沒有一樣符合他，他認為他是「第五種顏色」。另外，他想進一步知道，要怎麼做才能真正適應其他顏色的人。他的用字遣詞很有意思，他想知道「有什麼好的方法

3　編注：一般我們常見的DISC行為分類是：支配型（Dominance）、影響型（Influence）、穩健型（Steadiness）和謹慎型（Conscientiousness）。

能讓他利用這項知識」。

我給他一個制式的答案，因為我沒有機會當場分析他的顏色是什麼，他發現得不到進一步的回答後，就站到一旁。不過他並沒有離開，而是繼續站在幾公尺遠的地方，一直觀察我，直到我把所有東西收拾好為止。

事實上，「觀察」並不是完全正確的字眼。他用幾近冒犯的眼神盯著我大概十分鐘。我看到有人走到他前面打招呼並且微笑，而他每次也都回以微笑。但其實那根本不是在微笑，是假笑。他的臉扭曲成一個詭異、奇怪的微笑，感覺是模仿出來的。某些人看見他這樣子笑的時候，會露出疑惑的神情，但有些人似乎不認為有什麼不尋常之處。他每次「微笑」之後，就恢復讓人不舒服的眼神死盯著我看。這顯然讓人很不愉快。

他之前說：「有什麼好的方法能利用這項知識」，這句話到底是什麼意思？

我突然覺得，這個年輕人說對了一件事，那就是ＤＩＳＡ性格學並不適用於每一個人。有些人無法被歸類，例如大家應該要高度提防的那些討厭鬼。我們全都聽過操縱高手、騙子和冒牌貨的故事。受害者的評語往往是「他怎麼能夠完全騙倒我？」「為什麼我沒有看出他是騙子？」

是啊，為什麼？因為這些人知道如何讓你的行為反過來對你不利。他們天生就了解如何操縱別人去做任何事情，而且透過他們對別人的了解，幾乎能騙盡天下人。他們的目的千篇一律就是要得到自己想要的東西，最後留下一堆爛攤子。

問題是如果一個人真的沒有自己的個性，總是反映出周遭人的個性，這個人會是什麼樣的人？他們不是紅色或黃色性格，也絕對不是綠色或藍色性格。他們涵蓋所有的顏色嗎？還是屬於第五種顏色？答案是，以上皆非。他們是更糟糕的人，根本不能用區分正常人的方式來歸類。他們是沒有自己個性的人，只會為了一己私利而模仿他們所看到的行為。他們是變色龍類型[4]，暗藏只有自己心知肚明的意圖，我們可以確定這種意圖只會圖利他們自己。

我寧願把這種類型的人定義為「沒有顏色的人」。因為一個沒有真實個性、總是扮演某種角色的人，不是真正的人，而比較像是一個影子，雖然反映現實卻不真實。

4　編注：一般常見的DISC類型會以動物來做代表：老虎——支配型、孔雀——影響型、無尾熊——穩健型、貓頭鷹——分析型，而變色龍則是橫跨四種類型的綜合版。但在這裡作者當作貶喻。

這是某個隨時使詐的騙子。如果你遇過這種人，就會知道我在說什麼。

講白一點，他們是狀似人類的掠食性動物。他們會傷害大多數與他們接觸的人，而且受害者通常不知道問題是誰造成的。這就是「病態人格者」會做的事。

病態人格者和其他人一樣分散在社會中。他們滲透企業和組織，整天遊手好閒，完成的工作相對較少，只有在特殊情況下才會作出貢獻。他們外出吃飯時很少付帳，要支付家裡開銷時，錢包總是沒有錢。他們往往不忠誠、喜歡控制和表裡不一。他們是惡名昭彰的大騙子；其中大多數人甚至會沒由來的說謊。他們總有辦法讓每個人相信他們，或者會利用你說過的話來反擊你。但他們往往非常受歡迎。很多人喜歡他們，把他們奉為完人，甚至尊敬他們。

你可能會自問：「這怎麼可能？」這是個好問題。我們為什麼會喜歡如此狡猾的人？你現在或許在想：「沒有哦，我一開始就討厭他們。」沒錯，但這是在你已經知道他們的真面目時，才會這樣想。如果他們沒有露出馬腳，你可能就不知道真相。或許你運氣好，最終會發現實情。最好的情況是，你在陷入人生低潮、失去工作，與所有你稱為朋友的人絕交之前就發現他們的真面目。

你可能會想，病態人格者應該都是連環殺人犯和暴力罪犯，大多數瘋子顯然都已經被關在監獄裡了吧。

沒錯，他們之中有很多人因為無法控制自己的衝動而鋃鐺入獄。這些人會使用暴力，說白一點，他們有時根本就是瘋子。看到想要的東西，常用暴力來奪取，所以會入監服刑。但是大多數病態人格者並不會被關進監獄。比較聰明的病態人格者和沒有犯下嚴重暴力罪行的人，就像正常人一樣在我們之間來來去去。他們是那種得不到想要的東西就絕不罷手的人。你一定曾經碰到其中某些人。

本書的原文書名是「身邊都是神經病」（*Omgiven av Psykopater*），這是經過審慎思考過才如此命名的。因為我認為病態人格者的人數比大多數人所知道的還要多更多。本書的目的是要讓你知道如何分辨病態人格與操縱者，並了解萬一碰到這種人要如何自保。

讓人信任的真實謊言

前述的那名年輕人，他的怪異行為困擾了我好幾個月。那些冒犯的眼神、虛假的微笑，所有行為都很奇怪。他究竟是發生了什麼事情？我沒多久就得到答案。基於種種原因，我最近不得不回到那所大學。我找到了授課系所的系主任，詢問關於那名年輕人的事情，結果得到可怕的答案。

這名年輕人挪用系辦公室的經費五十萬克朗[5]（約台幣一百九十萬元），經系主任報警後遭到逮捕。那時他已經讓系上的兩名女性懷孕。他設法讓其中一人因為對「他」性騷擾而遭到解僱，另一人則是已結婚多年，當關係被揭發後試圖輕生。然而年輕人開始搞鬼，不斷為工作團隊製造問題，造成另外兩名員工因為慢性疲勞症候群而請長期病假、團隊主管辭職，整個系亂成一團。由於群龍無首，大家無所適從，難以達成工作目標，團隊分崩離析。

由於這名年輕人懂得微笑。他知道如何給人留下好印象，把自己塑造成人見人愛的好青年。在他被系辦公室掃地出門之前，他用這種技倆僥倖渡過兩年。沒有人懷疑他，他對每件事都有辯解的理由，而且每次總是別人的錯。

系主任用顫抖的聲音告訴我，這名年輕人說服警察和檢察官，說他是在系主任的慫恿下挪用公款，後來無罪釋放；過程中差點害到在大學裡任職三十八年的他遭到起訴。當然錢已經消失無蹤，由於證據不足，以至於無法對真正的騙子採取任何行動。我問系主任那名年輕人後來如何，他告訴我，那年輕人剛在一家ＩＴ公司找到新工作，現在負責一個涉及大量投資的專案，而這案子也是該公司邁向新高峰的關鍵。

從以上情況可看出，該年輕人已經得知利用這項知識最好的方法了。

系主任講完故事後，潸然淚下。如果有機會，我會分析一下這名年輕人。這項分析會顯示出什麼結論？老實說，我不知道。

最可怕的是，這名年輕人仍然逍遙法外。如果你碰到他，你最好知道要如何反應，因為如果他發現你的缺點，他會盡可能摧毀你。原因不是他討厭你，或是個人恩怨，而是病態人格者就是會不擇手段從你那裡拿走他們想要的東西。至於後果如何，他們不感興趣。

病態人格者擅於引誘和欺騙、撒謊和操縱，是小偷和寄生蟲。他們摧毀其他人而獲得能量，那是他們主要的動力來源。

5　編注：瑞典的貨幣單位名，英文簡稱ＳＥＫ。一克朗相當於台幣三點八元（二〇一九年六月）。

我會解釋要如何辨識病態人格者，和具有病態人格特徵的人，以及告訴你可以採取什麼方法來面對他們。

二至四%的人擁有病態人格特徵

在《身邊都是大白痴》出版後，我在全歐洲針對這個主題發表過多次演講，並把重點放在自己一直視為理所當然的事情上。我們已經知道每個人都不盡相同，但到底是什麼不一樣與哪些方面不同？最重要的是我們可以採取什麼行動？

DISA性格學的基礎是出自於馬斯頓的DISC理論，四種顏色人格系統固然解釋了許多關於人們如何行事的重點，但正如前面提到的，這並不能解釋一切。例如，馬斯頓是第一位對健康的人進行研究的偉大心理學家，而榮格和佛洛伊德主要是研究病態人格者，他們研究的對象並非涵指所有正常與不正常的人。

你能運用DISA性格學來分析每個人的行為模式嗎？不，其實你沒辦法這麼做，因為這只適用於心智穩定的人。如果有人被診斷出一些特殊症狀，例如邊緣型人格、嚴重的自閉症、精神分裂症等，DISA性格學根本不管用。甚至也無法剖析病態人格的行為模式。

你可能會說，反正病態人格者很罕見，根本不值得擔心，他們占的比例不會超過〇・一％（甚至〇・二％或〇・三％）。但事實上，病態人格者的人數比你想像的多。根據最新的科學發現，他們占總人口的二至四％。為了作比較，我可以說明一下，病態人格者比純紅色性格的人多出很多倍，後者實際上只占人口的〇・五％，而在我的前作中用了很多篇幅在描述這種人。

試著想一想，如果你是擁有一千隻羊的牧場主人，聽說附近有兩匹狼出沒時，你是想知道更多關於羊的事情，還是狼的事情呢？想當然你一定會去追蹤狼群。即使狼的數目不多，而且不會攻擊所有的小羊。然而理解狼的想法也不失一個好主意，因為一旦狼決定攻擊，就為時已晚了，牠會為所欲為，大開殺戒。

談到病態人格者，他們給人們帶來許多負面情緒。大多數人會受到他們行為的影響，因為他們的手法引發的效應不會只波及周圍的人，他們造成的損害相當廣大，總是拖很多人下水。

本書的重點是告訴你該如何保護自己，避免受到他們的影響。一開始，我會以

DISA的四種顏色來說明，不同類型的人在性格上的缺點是如何正中病態人格者的下懷，而病態人格者正是利用這些缺點來對付你。這也是無法治好病態人格的原因之一。

書中會稍微解釋四種顏色背後的理論。讓即便沒有讀過前作的讀者，也能容易理解書中的術語與案例背景。如果你已經看過我的上一本書，認為已經完全了解這些理論，也請耐心閱讀。

「愈接近真相，謊言就愈高明，如果能夠加以運用，真相本身也是最好的謊言。」

——美國科幻小說家 以撒·艾西莫夫（Isaac Asimov）

我被病態人格者騷擾的一百八十天

第一個病態人格者的例子是我親身經歷的事情。我寫過好幾本書，在第一本懸疑小說出版後，有位想成為作家的年輕女子寫了封電子郵件給我。她說她拜讀了我的書覺得太棒了，問我是否能幫她增進寫作能力？我非常感激所有看過我著作的人與我聯繫，也很歡迎讀者提出有關著作的看法與意見。但我通常只會回覆這些問題，不可能展開其他的話題，原因很簡單，我每週工作六天，根本沒有多餘的時間。我回了制式的答覆，心中也沒有想太多。但是這個女子不斷地寄電子郵件給我，她的語氣愈來愈激烈，因為她沒有得到她想要的答案。

過了一段時間，我當時的同居伴侶收到了一封電子郵件，內容指出那名年輕女子與我交往過，又說我和女子將要結婚了。我和我的伴侶都大吃一驚，信中包含了一長串對我的嚴重指控，例如我和將近一百個女人交往過，其中至少有二十人因此懷孕。所有事情都在幾個月之內發生，這也是促使我報警的原因。類似瘋狂的情況還有更多，但我無法一一描述。總而言之，我的伴侶收到了大約五十封不同內容的電子郵件，但主旨都一樣。

同時，我自己也收到來自同一個年輕女子更進一步的情書。她說，她非常想念我，渴望再次見到我，我們不是應該去看一看斯德哥爾摩市中心的公寓嗎？她透過我當時完全公開的臉書個人資料，大量收集有關我私生活的資訊，因此，她寫的東西聽起來多少是有可信度的。

在警方阻止她之前，這狀況大概持續了六個月。這女子是進階版跟蹤狂，透過社群媒體，想盡辦法找我麻煩，尤其在許多作家之間亂攪和。對我來說，這一切都非常尷尬和可怕。最恐怖的是打從一開始，我根本不知道她是誰。

你或許會想，這或許是一個精神病患的個案，也可能只是一名普通瘋子的案例，但世界上真的有很多這樣的人。

但是她的作法有跡可尋。根據警方的調查顯示，該女子之前至少做過一次同樣的事情，那次也是針對比她年長很多的男人，對方也是作家，而且比我更出名。你可能聽過他的名字。這名作家為此受到嚴重的影響，所以選擇退休。我和他交談過很多次，試圖了解那名女子究竟想要達到什麼目的，但真的毫無頭緒，唯一能想到的是某種報復，因為我們沒有幫她一圓她的寫作夢。

在《女性病態人格者》（*Kvinnliga psykopater*）一書中，李斯伯特・杜夫林（Lisbet Duvringe）和麥可・弗洛雷特（Mike Florette）寫道：「復仇的滋味極其美妙，他們（病態人格者）以破壞為樂。特別是女性病態人格者似乎喜歡尋求情感報復、社會攻擊，然後利用謠言創造出操縱、不確定和具有威脅性的關係。這是一種破壞性的報復，不像肢體暴力那麼明顯，因此難以識別。」

我確切知道面臨這種行為是什麼感覺。警察將那名年輕女子帶到警察局訊問後，不可思議地所有的騷擾完全停止了。真不可思議，不是嗎？後來她還指出其他可能犯下這種罪行的人。這更加深了我的確信：「她沒有精神疾病」。如果她真的被診斷出有罹患某種精神疾病的話，絕不可能突然就自我控制，停止一切行為。她一直非常清楚自己在做什麼。對她來說，一旦事情變得棘手，她大概會另尋新的狩獵目標，繼續她變態的行為。

警方說，他們從未遇過這麼有自信的騙子，那女子似乎相信自己說的話都是真的。儘管警方透過電腦找到資料，拿出了她騷擾我之後所留下的技術性證據，但她仍舊否認一切。甚至還反咬說我才是騷擾者。她指控我威脅要殺害她，說我基於一些離奇的理由，與一些專業殺手接觸，並且僱用他們要來傷害她。保守地說，這全是些嚴重的指控。唯一可證明我與她完全沒有接觸的是，我並沒有去過我們理應會面的任何地點。

這種正是病態人格者常見的手法，她破壞了我的生活和寫作生涯。我猜想，她意在報復，因為我拒絕幫她實現寫作夢。這次的報復沒有成功，但她所做的事確實破壞了我與同居伴侶的關係。我們的關係被這整件事嚴重撕裂，最後勞燕分飛。那時我的伴侶每天都花上好幾小時在社群媒體搜尋這個女人的活動，我說什麼都無法阻止她。

事件結束後，這名有問題的年輕女子照樣過日子。我意外在臉書上看到她在一艘遊艇上與一名男子玩得很開心的照片。她似乎不受之前的事情影響，而我的伴侶卻產生病態的嫉妒，並把我和所有的人、甚至我的孩子全都隔離開來。連我和鞋店員工打招呼，或是外出吃晚飯與餐廳服務生交談，她都要進行盤問，我意識到自己已經失去一切了，即便到這步田地，我甚至沒實際見過那名年輕女子。

一個病態人格者至少會造成五十名受害者

病態人格者可以帶給多少人問題？一個病態人格者的出現可能會產生五十名受害

者，五十分之一，也就是二%，我們再度得到這個數字。

我舉我被騷擾這件事當作例子並不是要博取同情。但任何人都可能受到病態人格者的影響，沒有一個人能對這種行為免疫，當我知道每一百人當中有二至四名病態人格者，便會更加注意舉止怪異的人。

不管上述故事有多麼令我和家人朋友感到不快，不過這與世界上發生的其他事情相比，實在微不足道，因為病態人格者在爭取權力上往往將觸角伸展得非常遠。

「那些瘋狂到自認為可以統治世界的人，總是真正統治世界的人。」

——知名電台主持人 斯特凡·莫利紐茲（Stefan Molyneux）

希特勒、甘迺迪和柯林頓都具有病態人格

如果提到希特勒，你有什麼看法？

希特勒讓世界陷入戰火中，最終大約有六千萬人喪失性命，其餘數億人陷入苦

難，耗費的物資成本難以估算。若將這龐大的金額用在好的事情上，不知道會怎樣？

如果我聲稱希特勒是一個徹頭徹尾的病態人格者，你會反對嗎？可能不會。我們的本能直覺認定他是個瘋子。你一定會和我有相同看法：「為什麼沒有人看出他是個瘋子？」「為什麼他不及時罷手？」「德國人怎麼能讓他為所欲為？」「為什麼沒有人出面阻止這種事？」

以上全是好問題。而答案是，病態人格者非常擅長愚弄周圍的人。

但是單純從科學的角度來看，我們怎麼知道希特勒是一名病態人格者？《不正常成功心理學》（*The good psychopath's guide to success*）的作者凱文・達頓（Kevin Dutton），運用性格測驗來診斷成年人的病態人格。這項測驗稱為「病態人格量表—修訂版」（Psychopathic Personality Inventory-Revised，簡稱PPI-Revised），最初由史考特・李連菲德（Scott Lilienfeld）和布萊恩・安德魯斯（Brian Andrews）開發，用於評估犯罪者的某些性格特徵。

這項測驗的目的是全面性列出病態人格特徵，並未列舉反社會或犯罪的行為特徵。另外提供一些有效的監控評量，和判別受試者是否故意誤導答案等的方法。

「病態人格量表—修訂版」提出了八個具體因素：

- 馬基維利式自我中心（Machiavellian Egocentricity）：缺乏同理心，為達成個人目的而與其他人產生疏離感。
- 社會影響力：魅惑和愚弄他人的能力。
- 冷酷無情：明顯缺乏情感、內疚感，或是不關心他人的感受。
- 為所欲為：不會預先規畫和考慮自己行動的後果。
- 無懼：渴望追求高風險的行為，卻不會感受到風險所引發的極大恐懼。
- 怪罪他人：無法為個人行為負責，反而責怪他人，或將自己偏差行為合理化。
- 反叛破格：不顧社會規範和社會認可的行為。
- 對壓力免疫：對創傷或其他壓力誘發的事件缺乏典型的顯著反應。

科學家們把這些因素分成若干子類，再歸納兩大類，分別是「無畏的支配」（Fearess Dominance）和「自我中心的衝動」（Self-Centred Impulsivity），並提供解讀的模式。達頓研究了關於希特勒現有的多數史料後，把希特勒置於具有嚴重病態人格特徵的名單頂端。這並沒有特別令人驚訝，對吧？然而，希特勒的排名沒有前伊拉克總統海珊或烏干達軍事獨裁者伊迪・阿敏[6]的排名高，也沒有英國國王亨利八世的排名高。你可以在《美國科學心智》（*American Scientific Mind*）期刊的二〇一六年九／十月號中看到完整的研究〈病態人格者和政治人物有什麼共通點？〉（What psychopaths and politicians have in common）。

然而，當達頓使用相同的工具來檢視歷史上其他著名領導人，研究他們如何作各種決定，同時意識到這些決定會如何影響其他人時，情況就變得非常有趣。雖然看似奇怪，達頓發現希特勒的剋星邱吉爾在名單上的排名，幾乎和希特勒一樣高。對於二〇一六年美國總統大選中的兩位候選人唐納・川普和希拉蕊・柯林頓，達頓也給予幾乎同樣高的排名。

我們談到美國總統的話題時（這個職位當然對世上其他國家有相當大的影響力），甚至有一份名單列出哪些總統展現出大多數病態人格的特徵。達頓採訪過一些自認為是某位總統專家的人士，例如歷史學家和學術研究人員，以及一些曾與前任總統共事並且仍然健在的人。這種訪談並沒有太過深入細節，而只是談論各個總統如何在「無畏的支配」和「自我中心的衝動」這兩個子類中的「得分」。

在達頓的名單頂端，我們發現了約翰・甘迺迪。第二名是柯林頓。這兩人都為自己贏得具有同情心、同理心和迷人個性的名聲，同時也是嫻熟的演說家，擅長贏得人民的信心。嚴格來說他們是好人，但確實也有許多其他不好的面向，其中一項是他們的性濫交是有記錄的。往下幾級，我們找到羅斯福、小布希、尼克森和詹森。完全缺乏病態人格特徵的總統有吉米・卡特、喬治・華盛頓、林肯、杜魯門。事實上，其他大多數的總統都是如此。

此外，在我撰寫本書的期間，達頓尚未發表任何對歐巴馬的評價。

在這項嚴謹的研究中，受歡迎和成功的總統會得到如此高的排名，可能看起來很奇怪，但是你讀完本書後，就能理解他們擁有高排名的原因。

6　編注：一九二三至二〇〇三年，烏干達前總統，被稱為非洲三大暴君之一，執政時期以殘暴獨裁聞名，曾進行過大屠殺，約有三十萬人喪生。他曾被反對派爆料，殘忍將自己的妻子殺害分屍，並且煮熟後吃掉。

留意身邊的「病態人格者」！

我寫這本書的目的不是要嚇倒你，或是讓你對別人起疑。情況正好相反，我想讓你了解哪些人可以信任，哪些人可能有其他不可告人的祕密。無論你是正在尋找新的執行長代理人、覺得自己終於遇見真命天子的女人，還是至今仍不明白為什麼自己每次見到母親都會肚子痛的成年人，在這本書的幫助下，你將知道誰是真誠相待，誰又是虛情假意。在碰到可能導致你人生出現重大危機的事情時，對周圍的人採取完善合理的應對方法，對你的情緒、自信心和荷包會更好。許多受到病態人格者傷害的人失去了生存的意願。他們不是直接自殺，就是自暴自棄和萎靡不振。

現在就來看看這是怎麼一回事。

第一部

認識無良的病態人格

——心理病態者，可能會是你的伴侶或朋友

第一章
病態人格者的真實面貌

「我從不鼓勵欺騙和虛假，特別是如果你的記憶力很差，那可能是你遇到的最大敵人。事實上，無論情況如何，真相就是你最真實的朋友。」

——亞伯拉罕・林肯（Abraham Lincoln）

「病態人格」（psychopath）一詞在一九六〇年代人們開始廣泛使用，只不過早在一九四一年，第一本關於這主題的書就已經付梓。現代病態心理學之父賀維・克勒利（Hervey Cleckley）撰寫的《精神健全的面具》（*The Mask of Sanity*）大約在那時出版。人們討論這個詞彙已經有數十年，我不打算用太多篇幅來解釋原因。然而，我注意到一般人雖然已經接受了這個詞彙，有時還是會誤用。多數人簡單地稱呼不喜歡的人為「那個該死的神經病（病態人格者）」，讓事情變得太過簡單。不幸的是，這也意味著「病態人格」一詞已經被淡化，我們有時會忘記病態人格者確實存在。在一九七〇年代，瑞典人認為這個詞彙本身已被汙名化，所以改用「需要特別關注」（in need of special care）的說法。稍後我會指出這種表達方式完全是瘋狂的，因此在一九八〇年代，回頭以「病態人格者」來稱呼那些人。有人試圖使用現代的委婉說法，但把這種行為隱藏在沒人理解的名詞背後會很危險。本書中我選擇使用「病態人格者」一詞。

毫無疑問地，病態人格者對所有人和整個社會是危險的，因為他們是偽裝成小馬的狼。（你有沒有覺得說「披著羊皮的狼」好像有點落伍？）

病態人格者和精神分裂病患之間的差別

病態人格和精神分裂症一樣常見，兩者不同之處在於，病態人格者所做的事情遠比精神分裂症患者所做的更惡劣。病態人格者搞破壞的後果是相當嚴重的。他們犯下的種種罪行，小至高風險的商業交易、對感情空虛者詐財、詐詐和詐騙、搶劫和組織犯罪與販毒，大到恐怖的一連串無止盡的暴力戰爭、謀殺、虐待、強姦、戀童癖、虐童、酷刑和販賣人口，造成社會的恐慌。

我相信，在許多國家都有很多病態人格者位居政府的重要職位。當然，軍事高層裡也不少。對病態人格者來說，地位和權力是非常重要的，如果你能晉升到高層，何不試著去爭取呢？

然而，絕大多數病態人格者並沒有犯下明顯的罪行，他們就在你我之間，像正常人一樣生活，唯一的差別是他們戴上一副讓他們看似正常的面具。像是那些自認為是上天信使的人，他們設法讓數百萬人相信，如果我們違背天意就會遭到懲罰，而他們卻可以上達天聽。想想過去那些指使人們把自己孩子活埋在房屋地基裡來安撫眾神的人。如果這不是操縱，那什麼才算操縱。看看你周遭。我們生活在這種混亂時代已經很久了，現在也是一樣。

海爾的病態人格檢核表修訂版（PCL-R）

從古至今有許多極受尊敬的學者著手研究「病態人格者」，其中來自加拿大的羅伯・海爾（Robert D. Hare）製作了一份檢核表，他自一九六〇年代以來一直很活躍，無疑是這領域的領頭羊。海爾走遍世界各地，針對病態人格主題授課將近五十年。他的觀點非常清楚，認為病態人格者是確實存在的，而且人數比大多數人所知道的還要多。

接下來，我們就來介紹病態人格檢核表修訂版（PCL-R）的逐項內容吧。

海爾的病態人格檢核表修訂版（PCL-R）	
1. 花言巧語和膚淺的魅力	11. 不負責任
2. 過度高估自己	12. 早期行為問題
3. 缺乏悔意或罪惡感	13. 成年後出現反社會行為
4. 冷酷無情，毫無同理心	14. 寄生蟲式的生活
5. 病態性說謊	15. 性濫交
6. 狡猾，愛操縱別人	16. 缺乏實際的長期目標
7. 情緒反應淡泊或無情緒反應	17. 不對自己的行為負責
8. 容易衝動	18. 青少年犯罪
9. 自制力差	19. 有過被撤銷緩刑或假釋的記錄
10.需要刺激	20. 犯下各種罪行

海爾的病態人格檢核表修訂版（PCL-R）

如果你想更深入了解這類型的人，書末附有一份書單，列出相關的書籍以供參閱。當你的知識量夠充分，就會知道自己什麼時候會成為病態人格者的目標，最重要的是還可以保護自己。

即使你不是羊，也不是小馬，在狼逼近你圍欄的那天，你仍需要知道可以全身而退的方法。不論這聽起來有多麼戲劇化，病態人格者每天都致力於一個目標：為自己爭取所有的利益。

以下舉一些簡短的例子說明，病態人格檢核表中每一項的意義：

1. 花言巧語和膚淺的魅力

病態人格者往往擁有多得驚人的詞彙，其中多數人話說得很快，你總是跟不上他們的想法。儘管他們說的話往往不合邏輯和前後不一，卻讓我們相信他們所說的話句句屬實。他們也同樣迷人，經常微笑和讚美他人，而且會討好每一個認識的人，使自己受歡迎到幾近荒唐的地步。

2. 過度高估自己

他們認為自己高人一等，更具價值，值得在人生中獲得比別人還要高的成就。許多病態人格者都是典型的自戀者，也就是說他們只愛自己。他們可以像點一杯咖啡一樣輕鬆地吹噓真實或想像的成功。他們認為自己有權利凌駕所有的法律，但他們自訂的規矩，是不容許其他人打破。

3. 缺乏悔意或罪惡感

病態人格者基本上不會感到悔恨。如果假裝懊悔對他們有利，才會這樣做，但是這與他們的行動不一致。他們對於傷害別人不會感到困擾。無論他們傷害的是死敵或自己的孩子，都不重要，只有自己才重要。

4. 冷酷無情，毫無同理心

病態人格者知道你會有某些感受，但他並不感興趣。他可能在看到某名重傷者時覺得有趣，更不會產生憐憫，大多數病態人格者對任何事都無動於衷。他們認為同理心才是「人格障礙」，並且為自己沒受到影響而感到自豪，因為虐待或欺騙他人比抱持同理心還要簡單得多。

5. 病態性說謊

病態人格者說謊就像呼吸，根本不需要多費工夫。如果他們被逮到說謊，也絲毫不會感到難堪，或許還會在你眨眼之前改弦易轍，聲稱他們從沒有這樣說過，一切都是誤會。他們甚至會在沒有理由撒謊時也撒謊，因為欺騙別人很有趣。

6. 狡猾，愛操縱別人

病態人格者以簡單到有點詭異的方式來「解讀」他人的缺點。他們會將對方的缺點反過來對付受害者，藉此達到欺騙的目的。任意欺負人是他們的本性。他們不擔心會被識破，反而會鋌而走險，行徑相當大膽，讓我們很難相信自己被他們騙了。

7. 情緒反應淡泊或無情緒反應

病態人格者實際上沒有任何情緒，沒有害怕，沒有恐懼，沒有擔憂，也沒有懊悔。他們完全欠缺感情。這並沒有什麼好惋惜的，因為他們在密謀行騙時，往往非常高興沒有這麼多的感覺來妨礙他們。不過請注意，病態人格者可以輕易假裝擁有這些情緒。

8. 容易衝動

病態人格者完全「活在當下」，對未來沒有規畫。如果他們突然有吃的衝動，就去吃東西。他們不會花時間權衡優缺點，也不會去分析後果，因為考量太多會使他們變得脆弱。正常人也許會想像，如果在街上毆打某人會發生什麼事情，但是病態人格者卻不會那麼想。那些最無法控制一己衝動的人確實都鋃鐺入獄。

9. 自制力差

病態人格者容易被激怒，因而使身旁的人常遭受可怕的肉體上或精神上的虐待。

若他們把最細微的錯誤或輕率的評論視為挑釁的話，可能演變成憤怒的暴力攻擊。如果病態人格者有暴力傾向，他們不是會亂打人，就是會把開口說話的人罵到狗血淋頭。奇怪的是，他們發洩完之後憤怒會立即消失，就好像有個開關一樣。

10. 需要刺激

病態人格者非常需要多巴胺的刺激。興奮和刺激對他們來說非常好。如果他們自己不能做瘋狂的事情，便會試圖讓別人去做。我們看到一輛警車時會緊張，立刻看時速表是否有超出限速，但病態人格者可能會公然挑戰警察，這全都是為了尋求興奮刺激。

11. 不負責任

病態人格者從來不為任何事情負責。他們不受一切事情影響，像是還債、支付子女的撫養費、在濫交時只會保護自己。他們不在乎，而且常常僥倖過關，因為這世上多的是負責任的人。真正的病態人格者甚至不會對自己的孩子負責，即使口口聲聲說愛小孩，卻可以不顧死活拋下他們。

12. **早期行為問題**

大多數病態人格者在十二歲以前就已經出現偏差行為，像是虐待動物和霸凌其他孩子、偷竊、毫無顧慮地撒謊。他們可能性經驗較早，甚至還有年僅十二歲的孩子就犯下強姦案的例子。

13. **成年後出現反社會行為**

真正的病態人格者不在乎社會的規範。適用於正常人的規則對他們而言並不管用。這些規則限制了他們為所欲為的可能性，所以他們會制定自己的規則。這往往是他們其中一些人入獄的原因。

14. **寄生蟲式的生活**

病態人格者認為，他們傑出的特質讓他們有權利靠別人過活。如果他們找得到人付帳，就絕不會自己掏腰包。他們往往有債務記錄，對繳款到期日之類感到厭煩。他們外出吃飯從不付錢（他們總是忘記帶錢包），很喜歡向家人和朋友借錢，卻不願意還錢。如果被人抓到把柄，他們只會責怪別人。

15. 性濫交

病態人格者往往擁有很多短暫的性關係。男性病態人格者深具魅力，非常容易吸引女性，所以從不缺乏伴侶。長期出軌會帶來更多的刺激，欺騙妻子會令他興奮，或許會暗自竊喜這又是第幾次沒被妻子發現。

16. 缺乏實際的長期目標

病態人格者從不規畫任何事，這與他們的衝動傾向背道而馳。他們常常變成某種游牧民族，隨著情緒的波動而更換伴侶和工作。他們從不往前看或往後看，只依當下的心情或狀況尋找受害者，利用他人來過活。

17. 不對自己的行為負責

他們無論做了什麼事，都不會承認。即使被監視器拍到也沒差，反正他們會矢口否認有這回事。病態人格者總是推卸責任。就算他們明白自己做錯事，也會另找代罪羔羊。看到別人因他們捅出的婁子而受到責怪，甚至會樂不可支。

18. 青少年犯罪

病態人格者往往從小就很難守規矩。他們通常在十歲左右就開始顯露跡象，小時候會引起很多麻煩。十五歲的少年就犯下強姦、攻擊、搶劫，甚至謀殺案，絕對會被視為不正常。

19. 有過被撤銷緩刑或假釋的記錄

如同上述，一般的規則不適用於病態人格者，懲罰也不管用。即使拿一般做錯事的後果來威脅他們，也不會有反應，因為他們缺乏考慮後果的能力。這意味著，一旦他們被釋放，就會為所欲為。

20　犯下各種罪行

一般罪犯只專精於一件事，例如搶劫運鈔車、搶劫民眾、攻擊人或買賣毒品，但病態人格者是無惡不作。從某種意義來說，他們很好奇，而且會想嘗試各種犯罪。

檢核表的運用與分析

這份檢核表有二十項，根據精神紊亂的嚴重程度，給予0～2分。舉第二項為例，如果受測者從未出現任何高估自己的跡象，則得0分；偶爾會有明顯的跡象，則得1分；有非常明顯的跡象，則得2分。因此，這份檢核表的最高分數是四十分。著名的病態人格者，如查爾斯・曼森（Charles Manson）[1]和某些連續殺人犯，通常得分在三十五到四十分之間。

根據海爾的看法，得分在十五至二十分時，你就有提防對方的好理由。因為你面對的是不懷好意的人。如果你必須見一個得分超過三十分的人，絕對要盡快思考一下自身情況。因為你正面臨一個非常令人擔憂的處境，在最糟糕的情況下，病態人格者會是跟你非常親近的人。

具備病態人格特徵就是病態人格者嗎？

你在自行評估時，可能發現自己符合檢核表上的某些項目，但這就表示你是個病態人格者嗎？當然不是。很多人會表現出某些病態人格特徵，然而只要與某些特定的病態人格特徵沒有關連，就不會成為臨床上定義的病態人格者。不過，檢核表上勾選的項目愈多，受測者對於周遭的人們愈不利。

有些人個性衝動；有些人充滿魅力；有些人說話像機關槍一樣，但他們不是病態人格者。有些連續殺人犯也不一定全是病態人格者，其中有的人是患有精神疾病，這是兩回事。

你和病態人格者之間的差異在於，你具有道德感。你知道孰是孰非，而且懂得關心別人，不會故意傷害周遭的人。萬一你不巧傷到別人，可能會為此感到難過。這一點，再加上許多其他因素，是你之所以為人的原因。

1　編注：美國惡名昭彰的邪教「曼森家族」（the Manson Family）領導者。一九六九年以來，率領其邪教信徒犯下九起連續殺人案。

但病態人格者沒有任何感覺。他們為所欲為，其出發點是他們認為自己有這個權利。即便知道某些行為可能會鋃鐺入獄，卻不能阻止他們去做，因為他們覺得不會被逮到。相反地，他們冷靜地鋌而走險，想當然爾地自認為會得逞。萬一被抓到，他們可能已經想出要怎樣把自己闖的禍栽在別人頭上。如果把責任推到親兄弟身上可以解套，病態人格者會面不改色地去做。他們不會因為你的痛苦而受影響，也不在乎你最終是否會因此徹底破產或失業。他們毫無悔意，從不回頭。

病態人格者仗持著一項事實：他們看起來很正常，而且大多時候表現正常，並以冷血和狡猾算計來執行自己的行動。他們會思考，但不會感受。他們的所做所為，就像惡狼要吃羊時的行為——直接奪取。

如果你以前沒有接觸過關於病態人格者的資訊，而且你對這整件事感到相當懷疑，我完全尊重你的想法。不過像這樣的人真的存在嗎？不幸的是，他們的確存在。

病態人格算是一種疾病嗎？

病態人格者並不是精神病患或有心理疾病的患者。精神病是指大腦處於不正常狀態，是一種心理術語，用於嚴重且「暫時性」的心理疾病。屬於精神病的有精神分裂症、情感型精神分裂症[2]和妄想症。躁鬱症和嚴重憂鬱症也會出現精神病症狀。

然而，病態人格是被稱為人格障礙，並不是精神障礙或精神疾病。一般認為病態人格多半有遺傳因素，不幸的童年狀況和小時候的腦損傷可能造成影響。精神障礙是指一個人感覺非常糟糕，以至於在精神上、社會上和經濟上蒙受極大程度的痛苦。

對周遭的人來說，精神障礙或疾病會以許多不同的方式表現出來。有些精神障礙者在社會上是失能的，從他們的行為或言語中可以明顯看出，他們不能「充分表達」自己的個性。這種疾病的分類，是從當事人本身的角度來看他們所遭遇到的困難和痛苦，也考慮到他們的自我意識和對現實生活的理解。這是我們在了解病態人格與精神疾病之間的差異時，需要知道的重要區別。

病態人格者並不覺得自己病了。事實上，他們感覺很好，而且認為自己精神狀態

2　編注：這疾病是因為大腦神經傳導物質不足或功能不佳所產生。患者易出現幻聽、妄想而舉止異常。即使情緒正常時仍有幻覺或妄想，情緒不正常時可能會出現躁症或鬱症等情感障礙。

穩定（但若能達到目的，他們也是可以裝病）。他們不會因為在學校受到霸凌而成為病態人格者，他們也不是適應不良的不幸者，因為適應不良的人把事情搞得一團糟時，根本還不自知。病態人格者依照你我的標準來看是不正常的，但同時又「充分意識到自己做了什麼」。在他們自己的眼中，他們在食物鏈的位置比其他人都高。

心理病態者比你想的還要多

海爾提出的一個假設是，在工業化國家，至少有二％的人口因為在病態人格檢核表中「得分」極高，而被歸類為病態人格者。一些比較新的數字〔出自《與怪物合作》（*Working with Monsters*）的作者約翰・克拉克（John Clarke）〕指出，這個比例大約是過往數字的兩倍，也就是四％。大約三％的男性人口，以及介於〇・五至一％的女性人口，可能是病態人格者。事實上，病態人格在男性中更常見。

瑞典心理學家西格瓦德・林格（Sigvard Lingh）撰寫了幾本見聞廣博的病態人格書籍，他認為長期以來人口中有四％或五％是病態人格者，並於最近的著作《日常病態人格者》（*Vardagspsykopater*）中，對於在研究該主題四十年後，是否需要提高數字，提出了見解。

有關病態人格者出現的比例，世界各國所提出的數字也不一樣。例如，美國病態人格者的比例似乎比英國高。有一項推測指出，美國社會比英國社會更重視以自我為中心的行為。如果根據較低的估計數字的二％來計算的話，這意味著世界第一大國的美國大約有七百萬名病態人格者。在瑞典，我們則要避開大約二十萬名病態人格者，而且全美國的病態人格者的人數幾乎和瑞典第四大城市烏普薩拉（Uppsala）的人口一樣多。

家人和朋友最容易下手

我們四周不乏病態人格者。我撰寫本章的時候，從不太熟的朋友那裡聽到下面這個例子。

有個老光棍認識一個育有五名成年子女的女人，他們後來結婚，夫妻相處融洽。當他壽終正寢時，大家才發現原來他相當富有。他的妻子繼承了近千萬克朗（約台幣三千八百萬元）的遺產。她對於突如其來的財富感到有些侷促不安，便決定把遺產分成六等分，自己拿一份，另外五份分給五個孩子。在三個月內，某個兒子騙取她和另外四個手足其中三人的份。結果只有大姊完全不受病態人格者的影響，拒絕把錢「借」給她弟弟。他後來用非常人可忍受的暴力來威脅她，但因為姊姊早已看透他，依然拒絕交出一毛錢，他聳聳肩之後就離開了。從此以後，家裡沒有人聽過他的消息，現在這些錢就像他一樣消失了（實際上有一群特別的人是不受病態人格者影響的，病態人格者通常會試圖以暴力的方式來威脅他們）。

一般人不太常在報紙上看到這種個案。這有點像家暴，受害者覺得顏面無光，因此這類事件很少或從未曝光。近親和朋友是最容易上當的受害者，所以許多病態人格者都喜歡欺騙這些人，他們也未察覺到異樣。病態人格者認為家人和朋友是最弱的目標，對懷有陰謀的病態人格者而言，那些人引起的風險最小。許多受害者會認為「這是我的錯」而保持緘默，病態人格者就可以繼續為非作歹，甚至選擇過著像是寄生蟲一樣的生活。他們喜歡在高級餐廳用餐，但從未表示要付帳。掏錢的人總是別人。

我知道你會想：「那真令人尷尬！吃霸王餐！別人會怎麼說啊？」是啊，別人會怎麼說？現在因為你是個正常人才會這麼想。不用再多想了，你身處在這個情境下是不能以常理來判斷的：病態人格者認為他們有權利這樣做，因為他們高人一等。

第二章

預防病態人格者攻擊的三種方法

「謊言說太多次，就會成真。」

——列寧（Vladimir Illich Lenin）

我們來看看以下的基本要點，哪些是你可以預作提防，以免陷入困境之虞。不過，如果你已經落入病態人格者的手中，也許為時已晚了。你需要付出很大的心力，才能突破他們的掌控。你可以採取的預防措施主要有下列三項：

預防措施一：充分提高自我意識

沒有人有百分百的自我意識。如果你的官能正常，而且不是病態人格者，你就會意識到，有些關於你的事情是自己可能也不了解的。在某些時候，我們可能表現出意想不到的行為，例如受到威脅時。我們無法預期當下自己會如何反應，直到有人用某種武器對準我們的時候才知道。

有人說，病態人格者不了解或無法想像別人的感受。這是大錯特錯，事實正好相反。研究顯示，他們非常能「理解」你在某些情況下的感受。但事實上病態人格者本身並沒有什麼感覺，因此才能完全無視你的感受。他們很快就揭露你的缺點，毫不留情地加以利用，並且有技巧地抓到要害。對於那些把注意力集中在你缺點上的人，你要保持高度警戒。你在評估時，需要比這些不在乎，或甚至不了解你缺點的人更謹慎小心。但你的重點不應該放在病態人格者會透過自我介紹中的訊息來攻擊你的缺點，他們是從完全不同的地方展開攻擊，稍後會再進一步談論。

如果你不確定是否會受到阿諛奉承的影響的話，可以做個小測試。只要請某人給你一點無心的讚美，看看你的反應如何就知道了。你可能臉紅或開始咯咯地笑。若有以上這種反應，你就是隨時會招來各類騙子的人。

或者是，如果你喜歡走險道，即便處在「灰色地帶」也覺得沒問題的話，就會特別容易受有陰謀的病態人格者吸引。在這世上，每一分鐘都有想要快速致富的人，被愛開空頭支票的行騙高手騙得團團轉的例子。

我們並非這麼簡單就知道自己是什麼樣的人。你當然無法在上述任何例子中認出你自己。不過，只要是人就會有弱點。在前作中，我對DISA性格學曾提出詳盡的描述，接下來會快速複述其中一些內容，並進行更詳細的介紹，但正如先前所指出，了解人格類型是一回事，以正確的方式消化資訊又是另一回事。

周哈里窗

周哈里窗（Johari window）是描述不同溝通方式的心理模型。這個模型是在一九五〇年代由加州大學心理學家周瑟夫・魯夫特

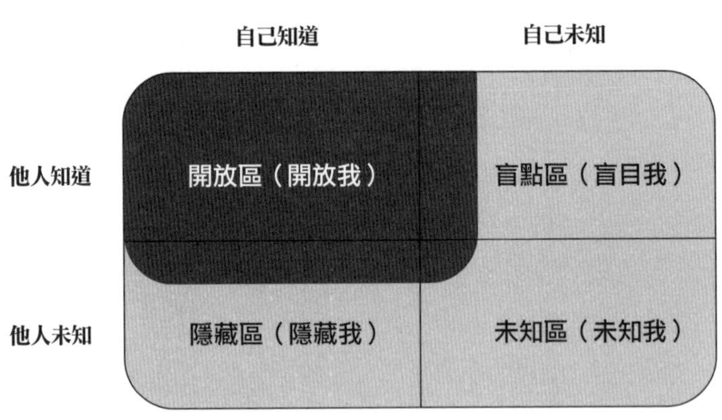

周哈里窗

（Joseph Luft）及哈里・英格漢（Harry Ingram）提出。因此「周哈里」的名稱是由兩人名字的前兩個字母組合而成。透過周哈里窗可得知，當我們知道自己與他人的差異，並且和他人彼此了解時，人際溝通中的開放性就會增加，反之則會減少。彼此提供反饋意見，是所有合作中的重要過程。透過獲得反饋意見與靈敏的感知力，就能夠了解別人是如何看待我和我的行為。如果我能夠認知自己的獨特性並勇於揭露自己，就讓別人有機會了解我。

- **開放我**（**開放區**）是自己和他人都知道的部分。如果這個部分變大，意味著開放度增加。當自我揭露度，也就是讓他人了解自己的程度增加，而且對他人的敏感度也增加時，開放度就會增加。當我開始利用自己的優勢，勇於了解自己的缺點時，開放我就會成長。
- **盲目我**（**盲點區**）是自己不知道而他人卻知道的部分。這可能是我說過、別人注意到，但自己卻渾然不覺的事情。例如，我的說話方式。
- **隱藏我**（**隱藏區**）是自己知道，但其他人不知道的部分。這可能是我無意向他人告知或揭露的事情。但如果一個人把自己隱藏得太多，隱藏區就會擴大。

- **未知我（未知區）**是自己不知道、他人也不知道的部分。對每個人來說，一切都籠罩在神祕的面紗中，可能只有在極端壓力下才會揭露。

周哈里窗的作用是什麼？

根據這個理論，人們若擁有龐大的開放區和開放我，就有和他人溝通的最佳機會。這是因為他們的開放態度能夠促進溝通，而周遭的人也不太可能誤解，或是誤判他們的陳述和行為。當他人回饋和自我揭露的程度都很高，而且兩者不相上下時，開放區會變得最大，這時就是人與人之間的坦誠和（隨之而來的）溝通的最佳狀態。

當然，不一定每個人都想要使用龐大的開放區。例如，偶爾接觸並不具有特別意義。讓陌生人知道你內心的想法，有什麼意義？儘管如此，有許多人就是會這麼做。

此外，一個人擁有許多面向，別人看到的你是什麼樣子，視對方而定。同事對你的認知，不一定跟你對自己的認知一樣。有些事情是他人看不到的，因為你選擇不表現出來。但有時候同事會看到你自己渾然不覺的事情。你可能會說，這是因為他們完全誤解你，在你這樣說之前，我想告訴你，這並不重要。溝通取決於接收訊息的一端。當接收端透過他們的思考、偏見和經驗架構來過濾訊息，剩下的就是他們所了解的東西，不論你真正的意思是什麼，或者是否知道整體情況。

若用DISA性格學來表達的話就是：紅色性格者認為自己既聰明又有幹勁，但周遭的人卻看到他們有時候行事急促而且無禮。黃色性格者相當具有創意，而他們的同事總忙著替他們收拾善後。綠色性格者常體貼同事，總是替想要喝咖啡的人送上咖啡，但是他們的主管卻認為，他們會在潛在衝突中退縮，即使他們是對的。藍色性格者讓周遭的人感到心煩，因為他們無法放下任何非百分之百正確的事物、追根究柢，別人看到的是他們病態的賣弄學問，藍色性格者卻解讀為有品質的工作。

誰對，誰錯？這一點都不重要。如果你聲稱本身具有最高的自我意識，那就不得不承認你有缺點。正如我剛才所描述，隱藏目的者對於自己的缺點有非常敏銳的嗅覺。除非你承認自己並不完美，否則你將可能被別人操縱。請作好準備處理你比較不討人喜歡的那一面。

我是個衝動、常錯用幽默，又有點完美主義的人

對我而言，我並不喜歡談論自己的缺點。談論我的成功並且享受親朋好友的讚美，可就好多了。儘管如此，缺點一直都存在。

以我的情況來說，缺點是衝動（紅色行為），這意味著我作出某些決定前，完全不經過思考。然而這些決定，可能多年來讓我在股市中損失慘重；花大錢修理在購買時號稱狀況良好的二手車；對我相當重視的人作出不得體的評論，但其實我原本只是想搞笑而已。

說到搞笑，我經常在不對的地方使用幽默（黃色行為）。當然，我現在已經能控制好這些衝動，不過我可以馬上提出一份清單，列出我因為沒有認真看待事情，而把情況搞得一團亂的狀況。此外，有時候我可能會疏忽細節，即使我很清楚這些細節對結果有多重要。例如，我總是低估做某件事所需要的時間、因為覺得自己要說的事情更有趣而打斷他人的話，或有人批評我寫的這段內容，我會很不爽。

此外，我確實有一點點完美主義（藍色行為）。比如說，我講課之前，一定要再看一遍資料，加入一些圖片，並讓某些部分聽起來更言簡意賅。即使我已經講課二十

多年，我備課的習慣不曾改變。還有我在花園的某個角落種一些新植物時，不會用制式的方法來挖土，而是從十九個不同的角度觀察後，才會拿鐵鍬開始挖土。沒錯，大多數人都不知道我到底在做什麼。另外，我和人談話，有時候會因為太過追根究柢，而顯得嚴肅不悅，這都是別人後來告訴我的，天啊！怎麼會這樣。

現在你對我比較了解了，以上所舉的例子中，沒有一個是特別討人喜歡的，這些是我必須努力改善的事情，而且希望有些事情已經獲得改善。這些缺點是否使我變成更糟的人？我不這麼認為。理由很簡單，我是人，就像你一樣，也像我遇到的其他人一樣。這也可能是年齡問題。隨著年紀愈來愈大（我寫這本書時已經年過半百），變得比較容易承認自己並不完美。在研究人類行為幾十年之後，我當然了解很多事情，包括我自己，但我仍然覺得還有某些自己不太了解的地方，那是別人看得到、但我卻看不出的部分。

如果我能承認我的缺點，你也可以。把缺點視為是改善自我的好機會吧。

預防措施二：學習如何識別病態人格行為

病態人格者和擁有病態人格特質者之間的區別是什麼？那就是被列為病態人格者，會符合相當多海爾病態人格檢核表上的病態人格行為。

檢核表上的某些項目本身並不是特別令人驚恐，例如很多人就符合「花言巧語和膚淺的魅力」的特質，而大多數黃色性格者可能也會勾選該項目；「容易衝動」是相當典型的紅色行為，這種人想到就去做，然後靜觀事態發展；「不負責任」則是綠色性格者常見的行為，因為他們覺得承擔責任太辛苦了。確實某種行為在各種各樣的人身上都能找到，我自己可能勾選一項，甚至可能勾選三到四項行為。但要特別留意的是，如果你在同一個人身上發現相當多這些行為，就要極度謹慎了。正如牧羊人必須學會如何避免讓狼靠近，你必須學會如何識別病態人格者。

根據統計數字，毫無疑問地，受病態人格者影響的風險會大於以下的風險：

- 心臟病發作
- 罹患癌症

- 用鐵錘敲到拇指
- 把自己的車子撞壞
- 星期五晚上在城裡被搶劫
- 成為酒鬼
- 在股市裡虧掉所有的養老金
- 被老闆炒魷魚

儘管如此，我們仍可以透過選擇生活方式，保護自己不受上述的傷害。比方說我們多吃營養的食物，不貪杯，坐車繫安全帶，週五晚上不單獨進城，做好份內工作以免下次裁員時遭到波及等等。但是，我們對於提防自己不要遭到病態人格者傷害，卻沒有採取任何行動。最重要的是，這可能是因為我們不想相信他們會對我們構成威脅，甚至懷疑他們到底是否存在。

我們不是在談論殺人魔漢尼拔・萊克特（Hannibal Lecter）[3]。請記住我在前言中所寫的內容：我們談論的是某個很可能離你座位只有兩張桌子，而且每天早上都對你微笑的人。

不要太天真。在災難臨頭之前先看出危險在哪裡。

預防措施三：決定你值得多少的自尊！

這與自尊有什麼關係？自尊絕對與一切有關。如果你認為自己應該得到最好的生活，那麼你就確保能得到它。我不是用病態人格者扭曲的心態來談論這點，我指的是為了要保持你的身心健康，值得付出什麼代價。

你認為自己是好人嗎？你認為儘管自己曾經犯錯又有缺點，未來仍值得被愛和享受人生嗎？這不是一本增強你信心，或提供你一般心理訓練的書。但我的觀點就是每個人都值得被愛。

然而，我們很多人都有缺乏自尊心的問題，因為我們不喜歡自己，對自己不滿；希望自己更年輕或更年長、更苗條、更有吸引力、更有錢、更聰明，或是有個更有趣的伴侶，至少要會說法語。無論如何，我們常常對自己感到不滿。這使我們容易成為病態人格者或具有病態人格特質者的獵物。

從某種意義來說，病態人格者非常懦弱。當他們設法進入圍欄時，的確就像狼一樣行事。他們很少攻擊首領，也就是圍欄裡最強壯的動物，因為他們無法確定自己能否應付得來。但攻擊受傷的獵物，或是在生活中處境艱難的人，毫無疑問，絕對搞得定。他們猛撲羊群中最弱的一隻，例如動作慢的、看起來有點無精打采的，以及有衰弱跡象的。以人來說，人群裡最弱的成員是不喜歡自己的人，或總是很容易受影響的人，像是會被奉承阿諛所左右。既然我們不認為會有人愛我們，或覺得自己很糟糕，就會招來任何對我們表現些微讚賞的心理病態者。

你認為這不可能發生在你身上？好吧，但你知道這些人正伺機而動，而你那些比

---

3 編注：由美國犯罪小說作家湯瑪斯·哈里斯所創作的懸疑小說《紅龍》（*Red Dragon*）、《沉默的羔羊》（*The Silence of the Lambs*）、《人魔》（*Hannibal*）和《人魔崛起》（*Hanniba Rising*）中的虛構人物，他是一位高智商的精神科醫師，也是食人成性的精神病患。

較不善於觀察的朋友可能會遇到麻煩。也許這項知識讓你有機會可以幫助他們。

因此，你的首要任務就是接受自己。設法改進你的缺點，嘗試在各個層面發展自己。了解該如何發揮作用，並思考自己想要擁有哪些優點。除此之外，你可以思考將哪些缺點化為優點。那是正向之舉，會帶給你能量，使你成為更完整的人。但不要光是接受自己，而要更喜歡自己、愛自己。

你必須明白改變自我，是因為你自己想要這樣做，而不是有人命令你這樣做。

我想用以下幾點來總結：獨來獨往並不能使你更強大。狼會挑選羊群中的一隻，然後將牠撕成碎片。請確保病態人格者不會相中你，讓你與親人隔離。你可以在本書的後面章節找到這類例子。如果你懷疑自己碰上問題，請向家人求助。

第三章

情緒操縱者，真的就在你身邊！

「如果你不控制自己的心，別人就會來控制你的心。」

——約翰・奧斯頓（John Allston）

人與人交往，有時候只是單純的交流，有時候卻是想藉由彼此間的互動來影響對方，兩者是有極大差異的。下頁的圖顯示這種差異的其中一個重要層面。

研究一致同意：人類所作的大部分決定都是基於情感因素，而非理性因素。你只需要檢視自己在做某件事時運用了多少邏輯？通常這件事是因為讓人感覺相當好，或感覺相當糟，所以我們便被感覺牽著走了。事後我們幾乎無法解釋自己究竟為什麼會這麼做，只不過是在那個當下的感覺勝過理智，如此而已。

想想看，上次你花了一大筆錢的時候，是出於理性、邏輯的理由，還是比較像感

資訊

20%的決定是基於理性的分析

影響力

80%的決定是基於情緒上的信念

覺對了就把錢灑下去？你是去買一些珠寶、汽車，還是房子？我在寫這部分內容之前在上網查車子。瑞典最便宜的汽車是達契亞（Dacia），我不太了解車子，但達契亞看起來像是一款相當簡單的汽車，沒有太多額外的配備。如果主要是在城市裡開短程，這款車引擎小、保險便宜、成本低，我相信這是相當令人滿意的車子。在經過多方考慮下購買這輛汽車是一個相當理性的決定。

但如果是房子呢？真的是一大筆的金額了。你更需要用腦思考，否則之後會很麻煩。在瑞典，獨棟住宅的售價平均將近三百萬克朗（約台幣一千一百四十萬元），價格昂貴，所以你不能跟著感覺走。在買房上的一個錯誤決定，會帶來可怕的後果。如果你為房子花太多錢，就會拖垮你的財力，進而一併毀掉你的婚姻。我在銀行任職過，曾經看過不只一個家庭因為無力支付房貸而支離破碎。

我們的確不擅長理性地作決定。人是感情的動物，經常感情用事，這不是什麼大不了的事，但卻是某些人善於操縱別人的關鍵。

有些人比一般人更擅長發揮影響力。例如，有些人會成為銷售高手，是因為他們很會掌握人們情緒的關鍵。這並不一定意味著他們是聰明的操縱者（雖然情況很可能是如此），但很肯定地，他們知道如何牽著我們的鼻子走。總之，不管目的是什麼，對你來說，了解你會如何受到周遭各種人影響，可能是件好事。

每個你認識的人，都可能會操縱你

有理由操縱和剝削你的人是誰？很簡單，就是那些發現操縱你的情緒極為容易的人。因此最了解你的人就是最有可能操縱你的嫌疑者。即使你並沒有開始懷疑你的家人和密友就是操縱者，但我想說這不無可能。當然，這並不表示你必須開始堤防你周遭的人，不過你也不應該對現實狀況視而不見。有些人是你已經很熟，知道他們不會騙你做不想做的事情，顯然就不需要擔心他們。但是，當剛認識的人進入你的生活時，你應該以明智的眼光看待他們。無須不信任他們，但要比平常多觀察他們，保持眼光敏銳，但不流於偏執。

以下是最容易操縱你的人：

- 家人
- 丈夫／妻子或同居伴侶
- 男／女朋友或性伴侶
- 主管、同事或下屬
- 朋友和熟人
- 專業人士：醫生、律師、心理學家或你可能會求助的其他人

你現在可能在想：「哦，老天！這幾乎涵蓋我認識的每一個人。」的確，病態人格者看起來與常人無異，而且他們可能全都和你有關聯。但重要的是，人際關係是否給了你某種東西，像是力量、友誼、喜悅、愛情或經濟收益。如果是這樣，這種關係當然是正向的。但如果這種關係是竊取你的心靈平靜、錢財、以及你對未來或生活的信心，並且傷害了你，那麼你現在就必須採取行動了。

當然，世上有許多你從未遇過的典型操縱者。這種人在歷史上俯拾皆是，最有名的就是希特勒操縱整個民族，點燃全世界的戰火。在現代則有恐怖分子在機場逼迫人

們在陌生人面前脫衣接受安檢；狂熱分子叫男孩自己用嘴自慰；金融市場裡的操盤手讓我們花錢投資全新但有疑慮的金融產品。但是這些人太遙遠了，根本不太會跟他們打交道。

我們對於世界在某個時間點會被嚴重病態人格者所支配或操縱，實在是莫可奈何，但是至少就自己可掌控的範圍內明哲保身。

需要特別留意的兩種人

本書中我主要關注兩種病態人格的嫌疑者是：你的伴侶和你的同事（你的主管也算在內）。在我們繼續談下去之前，有幾件事情需要牢記。

病態人格伴侶：你的另一半是匹狼?!

如果你的伴侶是病態人格者，那當然是最不幸的。即使他們身處教堂裡，站在你們認識的人面前宣誓絕對忠於你和愛你，但對方就只是個懂得「見人說人話，見鬼說鬼話」的人。他們看過電影裡的角色怎麼做到這點，而且演技已經爐火純青，逢場作戲並非難事。對他們而言，很難理解真正的情感，但他們知道應該會是什麼樣子。他們會練習說適當的話，極有可能從網路上剽竊婚禮誓言，並且已經知道哪些話會讓你掉淚。不幸的是，他們言不由衷；這只是龐大計畫裡的一小部分。

病態人格者無意履行他們的宏大承諾，反倒是非常高興已經把你騙得團團轉。你怎麼會這麼愚蠢？你居然和一匹狼結婚，但你還懵然無知。

他們有一段時間會看起來像是完美的伴侶，也迷倒你的親人和朋友，所有的一切都是用來營造他們作為理想伴侶的形象。剛開始他們會殷勤幫忙、主動承擔任務，接著他們會畫出自己的界線，到頭來全部事務都可能落到你身上。等到你開始抱怨，他們就會振振有詞地提到，誰曾說他是理想伴侶之類的話。畢竟，會稱讚病態人格的當然都是沒發現他黑暗面的人。

但病態人格者不會長時間扮演完美伴侶的角色。他們很快就厭倦了，不想再假扮為了使你落入圈套而創造出來的人物，因為這個人物根本就不存在。

接著，病態人格者會繼續進行他們的主要計畫：繼續揩你的油，直到把你榨乾為止。他們才不會和你白頭偕老，只會讓你提前變老。某些案例中，病態人格伴侶甚至用溜之大吉的方式來實踐「至死不渝」的婚禮誓言。當你散盡家財，房子抵押貸款金額超過它的實際價值，當你刷爆所有的信用卡破產時，他們就會離開你，繼續找下一個受害者。

病態人格者天生就認為，「你的一切就是我的，我的一切還是我的。」他們的誇大不實，從他們自認為擁有仰賴你生活的權利就可以看出，你就只是他的一項資產，僅此而已。

如果你能在初期，也許在讀完本書之後看到警訊，就可以採取對策。你可以拒絕配合演出，因為你已經看出是怎麼一回事。如果你不是「優良」受害者，病態人格者就會甩開你，另謀出路。有那麼多容易受騙的人，為什麼要死守一個難搞的人？如此，你就會脫離病態人格者的魔掌，不再是那個容易上當的弱者了。

病態人格同事：取得你的信任後，從背後捅你一刀

病態人格同事吸引眾人的作法是，人們在哪裡，他們就在那裡。你會在咖啡機旁邊發現他們，他們會在這裡抓住機會找到新獵物。這種技巧通常是藉由他們迷人的個性去引誘一個新的對象，讓對方覺得他們太棒了。但這只是一場大型表演。病態人格者很少讓人看見他們的真面目。在病態人格者面前，其他同事彷彿被下藥一樣，在他們眼中只有一個風度翩翩，總是在恰當時刻說出恰當話語的人。

病態人格者很快成為你最好的朋友、可靠和信賴的同事，他們是每個人心中最重要的存在。全公司的每個人都被這個人迷住了，渾然沒發現對方根本就沒有把事情做好。病態人格者也很少躋身於最佳績效員工的行列，只要能找到別人代勞，他們就不打算做任何差事。然而，他們非常願意邀功。他們很可能會去找主管，談論一件你已經做成的大生意，並且說這件事背後全靠他們才成功。當謠言傳到你耳邊，想要更正視聽時，有時候已經為時已晚。

如果病態人格同事認為這樣做可以得利，他們還會點名並且羞辱你，甚至會毫不猶豫地指責你犯下一些他們捏造的錯誤。或者是當他們發現你的缺點，更會不動聲色地搞垮你，讓你在家庭或公司裡的地位一落千丈。

如果你失去了工作，那也是你的問題。即使病態人格者認識你的家人，也與你的孩子一起玩樂過，他們也能夠傷害你們所有的人。

病態人格者朝你丟擲一枚手榴彈，讓它爆炸，然後身子往後靠，帶著一種自我滿足的冷笑，觀察你和你遭到破壞的職涯碎片如何慢慢掉落地面，他們不會感受到絲毫悔意，也不去理會對你的家庭會遭受的影響多大，完全漠不關心。說得更明白一點：病態人格的同事一點都不在乎你。

另外，關於冷笑這件事，病態人格者不像一般人誤以為會經常地笑。他們實際上很少笑。笑是一種自發的反應，你看到意料之外好笑的東西會突然笑起來，因為它很好笑。此外，幽默有點像同理心。你需要了解某些事，而且最好能感同身受，幽默才能夠發揮效用。但病態人格者不知道什麼是好笑。他們不會笑我們所笑的事物，如果他們試圖要笑，看起來就會很怪異。他們知道那點，所以不會常常笑，因此他們永遠不會是班上的開心果。

如果你辦公室裡有個像小丑愛逗別人笑的人，他有時可能會惹人討厭，但不必擔心，因為他不太可能是病態人格者。相反地，許多病態人格者似乎是善於思索型的人。他們透過學來的親切熱情，而非透過帶給人們歡笑，來贏得別人的信任。

現在想像一下，如果你的病態人格同事根本不是你的同事……而是你的主管，其傷害力可能難以想像。

病態人格者最常從事的職業

英國心理學家達頓根據他的研究發現，病態人格者在某些職業中更為常見。這些職業的共同之處在於，可提供病態人格者力量、金錢和活力，而從事這些職業的病態人格者極有可能會控制他人和主宰他們的生活。

1. 執行長／公司或活動的最終決策者
2. 律師
3. 電視／廣播媒體工作者
4. 銷售業務人員
5. 外科醫生
6. 記者
7. 警官

8. 宗教領袖
9. 主廚／廚師
10. 政府公務員

簡言之，當務之急是要透過提高自我意識來保護自己。接下來，我們將根據DISA性格學來檢查你有哪些顏色。

第四章
從DISA四色性格中，發現最真實的自己

「我從不撒謊……至少不會對那些我不愛的人撒謊。」

——作家　安・萊絲（Ann Rice），《吸血鬼黎斯特》（*The Vampire Lestat*）

現在我們更進一步檢視，之前概述的DISA性格學，是如何將不同的人格類型轉化，並對應至四種顏色。

紅色－支配型：這類型的人是性格外向、任務導向，屬於行動派類型。他們積極主動、具前瞻性，也是會勇於解決問題的人，注重結果和達成目標。他們喜歡讓自己動起來，如果事情停滯不前，很快就會感到疲憊。

黃色－鼓舞型：這類型的人樂觀、有創意、外向，能與任何人輕鬆溝通，注重人際關係，也在乎周遭人的看法。他們做事效率高，但很容易對太多的細節感到厭倦。

綠色—穩定型：這類型的人行為保守和內向。在工作上以團隊氣氛融洽、沒有任何衝突為優先考量。他們喜歡幫助別人，是很好的聽眾。

藍色—分析型：這類型的人是內向和任務導向的人，喜歡事情井然有序，有條不紊地工作。他們重視品質，對任何細節都非常要求。

紅色性格—支配型的行為模式

特徵1：大男人主義者

如果要識別對方是否為紅色性格者，最簡單的方法就是直視他們。大多數人跟

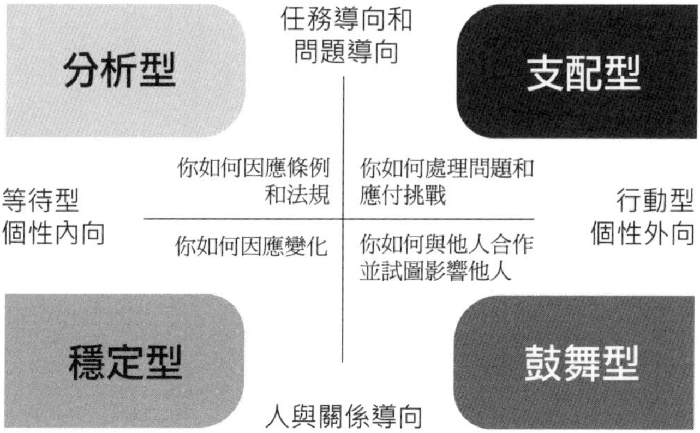

任務導向和
問題導向

分析型

支配型

你如何因應條例
和法規

你如何處理問題和
應付挑戰

等待型
個性內向

行動型
個性外向

你如何因應變化

你如何與他人合作
並試圖影響他人

穩定型

鼓舞型

人與關係導向

DISA性格學的基本支柱

你對看不超過幾秒鐘，就會把臉別開，然後再把視線轉回來。但是紅色性格者喜歡直視對方更久一點，因為他們想了解你是誰，也想衡量潛在對立的程度，帶有相互較量的感覺，他們會直視你，直至你不敢與他們對視為止。

接下來，紅色性格者會有力地和你握手，甚至會有點用力。理由很簡單，因為他們想要支配一切。我多年前遇到的一位顧問，他的握手方式很奇怪。他會抓住對方的手，稍微扭動一下，讓自己的手背向上，然後再稍微向下推，表明他是最強的。這是一種富有掌控欲的握手方式，表示希望你屈從於他。

此外，紅色性格者的其他肢體語言也提供很多線索。他們經常站得很直，並且以某種節奏走路。他們會直視前方前進，希望別人讓開一條路。這當然有例外，但是你不太可能遇到無精打采的紅色性格者。他們絕不會這樣做。

特徵2：對事不對人

紅色性格者說話往往快速又激動。假使有人不同意他們的看法，但他們認為有必要得到認同的話，就會提高嗓門。接著，他們會重複相同的論點，並加大音量。紅色性格者相當好勝，即使一開始他們已經發現自己錯了，仍會堅持己見，由於他們討厭失敗，所以仍會盡全力奮戰到底。

你可能會認為，這種人不太討人喜歡，但紅色性格者不在乎這一點。他們不是非常重視人際關係的人，不屑理會你對他們的看法。這可能是紅色性格者最大的優勢之一，他們不會讓別人的感受和意見左右他們。事實上他們並非完全不敏感，而是他們會區分「事」和「人」的不同。

幾年前，我遇過一位主管，他的性格不只是紅色的，甚至帶有一點黃色，但是紅色的特質強烈到足以讓他釐清以下情況：

他旗下有一個團隊績效不佳、士氣低落。成員工作紀律很差，午餐時間拉得很長，在上班時間經常上網打混，對於職務以外的事情不願承擔重任。團隊領導人好幾次試著訂定某種規範，但是卻沒有什麼特別的成效。在八個類似的團隊中，這無疑是最糟糕的一個團隊。

如果你是這個部門的主管，當然會有一些反饋意見。事實上也的確如此，這名主管打電話給這個團隊的領導人，並提供一些如何管理團隊的反饋意見給他。反饋意見主要是負面的，如果有好話，那就奇怪了。

後來，這兩個人發生激烈口角，而我則成為解決衝突的人。我知道主管的反饋意見起初是相當中肯的。主管談到自己對績效不佳團隊的看法，並提出改善的建議。但團隊領導人表明這不是他的錯，員工的不良行為跟他沒有任何關係，所以讓主管非常惱火。

最後，主管嚴厲地斥責這位團隊領導人，強力質疑對方的工作能力。任何明眼人一看便知道這個團隊的問題所在，但團隊領導人卻沒有加以處理。

團隊領導人的反應可想而知。他活像一個被刺破的輪胎般，整個人垂頭喪氣。他從椅子上站起來，如果沒有意外的話，他應該得捲鋪蓋走路了。當他把手放在門把上，準備回辦公室面對所有同事嘲諷的眼光時，突然聽到剛才大發雷霆的主管問他：「對了，現在剛好是午餐時間，你要一起吃飯嗎？」

紅色性格者情緒快速轉換的部分是多數人無法理解的，因為他們是對事不對人。當然，這名主管對那個拒絕聽取客觀論點的團隊領導人很生氣，所以予以喝斥。但他並不討厭對方，甚至沒有不喜歡對方，之後，他發現已經到了午餐時間，有人能一起吃飯是挺好的，也就順道問一下對方了。

特徵3：永遠都在找事做，閒不下來

紅色性格者的工作效率高，可以同時進行很多事情，只不過有時候會忽略細節，緊迫感也是典型的紅色特質，即使實際上不需要這麼趕，他們還是急急忙忙地進行。他們喜歡完成很多事情，不喜歡坐著不動。

舉個例子，一位與我是莫逆之交的同事，他上班時不會浪費時間，在等計程車的時候，他會利用這個空檔查看電子郵件。如果塞在車陣中，他會趁這時候打幾通電話。一收到電子郵件，往往會馬上回覆，這樣就又完成了一件事情。在機場候機也是同樣的情況。酒店的房間好像是為了工作而設計的，他總是可以設法在短時間內寫好一封短郵件、打一份已經謄好的會議記錄，或者準備一份簡報。

有一些為了提升效率，而與紅色性格者有相同行徑的人，他們經常這樣做是想擠出一些閒暇時間，如此一來，他們每週可以省下幾小時，週五中午就能提早下班回家。不過，這種人與紅色性格者的不同之處在於，紅色性格者不會做完事就下班，正因為已經完成既定公事，他們反而會趁這個機會開始處理新的事務。

我最喜歡舉的例子是，有位同事會同時寫電子郵件、上 skype 和聽我的簡報。即使他在 Skype 上正以英語如火如荼進行對話，卻沒有漏聽我所說的任何一句話，而且他對簡報提出的分析相當完美。這是紅色性格者具備的另一種能力：一心多用。他們可以同時做很多事情，在很短的時間內處理大量的資訊。訣竅是他們不去讀所有的細節，而是專注於重要關鍵。他們擁有非常精準的俯瞰視角，而且很快能從大量資訊中看到重點。因此紅色性格者關心整體情況，卻一點都不喜歡細節。細節，噁！

特徵4：勇於做出最終決策

紅色性格者會確保組織有一定的進度和行動，因為他們喜歡不斷活動，其他人也會受到激勵。不過，唯一的例外是，如果紅色性格者在團體中是一匹孤狼的話就不會這麼做。

紅色性格者會有許多構想、會對別人的想法提出意見，勇於作出最終決策。在會議中，當多數人覺得事情很難達成的時候，紅色性格者會先起身說：「好，我們就這樣做吧！」然後起身離開，並且開始著手做這件事。他們可能會建立某種流程，並告知大家工作如何完成。相較於藍色性格者會在細節上建立常用且詳細的作業流程，紅色性格者則是建立一個架構，作為執行各項事情的依據。

特徵5：目標明確，凡事都在掌握之中

我個人認為，紅色性格者毫無疑問是最容易相處的人。儘管如此，我在工作上遇到的多數人都認為，要跟紅色性格者共事，挑戰性很高。事實上，你只要知道這是紅色性格者的態度問題，並不是直接針對你，你就能調適得很好。

另外還有一點就是，隨時都要做好準備。確保你都非常了解自己所準備的資料，如果有人提出任何問題，最好你都能夠一一回答。當你表達得愈清楚，問題就會愈少。不過，假如紅色性格者從你身上感受到一絲遲疑，就會提出疑問，而且會打破砂鍋問到底。如果紅色性格者覺得你對某些事交待得有些模糊，他們鐵定會問到清楚為止，所以你要知道自己在說什麼。

因此，面對非常重要的簡報，事先演練可能是個好主意。不管你是要力求加薪、面試、推銷服務給潛在客戶，或者向主管提交專案，都要先練習說明你認為最重要的論點。紅色性格者喜歡挑戰，如果你說偏好B方案（注意！只有你真的這樣認為時才可以這麼說），當他們質疑你時也不要改變主意。他們很可能只是在測試你是否真的胸有成竹。如果你回答「當然，C方案也不錯」，那你注定失敗。表現得太優柔寡斷，這對你毫無幫助。

與紅色性格者開會的一個重點不是「回顧過去」，而是要「展開行動」。最好討論你可以達成的結果，簡要描述一下你認為B方案可以做出什麼貢獻，採用那項解決方案會達成什麼目標。如果對方詢問你怎麼知道，你要先簡介一下背景。紅色性格者不會每次都做出莽撞的決定，但他們確實喜歡直接談論目標和結果，你要特別注意這一點。

特徵6：不愛閒聊，直接切入重點

面對紅色性格者，如果你沒有做好準備，就會給他們一種雜亂無章的印象。要確保你的電腦裡有正確的文件。如果你浪費他們十二秒的生命，你就徹底失敗了。他們會不耐煩地用手指敲打桌面或開始滑手機，那你就失去了吸引他們注意的機會。

如果你需要時間找到更多的文件，最好就安安靜地做這件事。紅色性格者不會想聽你為了道歉而咕咕噥噥或胡謅道歉。如果你辦得到，他們會默默等待。你要讓他們看到你的效率，找到文件並且提供答案。

一般來說，所有不重要的閒聊，對紅色性格者而言都是壞事，即使是和熟人的閒聊也是如此。如果你的好友是紅色性格者，你在花園裡舉行ＢＢＱ野餐，那麼閒聊你下一次假期旅行可能還可以。但如果是在辦公室裡，他們會想知道這項專案的要素是哪些、你們是否會從專案中獲利，不要喋喋不休地談論不在議程上的事情，而且動作要迅速。若你想達成任務，靠的不是講話更快，而是少說多做。

你可能會想，「但是我記得很多時候，我跟不太熟的紅色性格者都會談到私事。我跟他們說我在越南度假的事情，而他們也會跟我談到他們去峇里島的旅程。」

當然，紅色性格者很可能會不耐煩，但他們並不愚蠢。他們了解到自己必須假意配合。紅色性格者都清楚知道，大多數人都喜歡閒聊，不可能叫全部人都閃開。但是你要記住：他們不愛閒聊。如果你直接跳過不必要閒聊，幫他們節省時間，你會達成很棒的商業交易。你將獲得他們信任，被他們視為既有雄心又有效率的商人、同事、合作夥伴或主管。

最後提醒你，不要把紅色性格者直率的態度放在心上。紅色性格者想到什麼就說什麼，他們這樣做的時候很少有不良意圖。他們可以用三句話就推翻你準備周全的提案，這確實會讓你內心受挫，但不是衝著你來，你在他們眼中並不重要，如何呈現出完美的工作成果才重要。反之亦然。如果他們願意照著你的提案走，並不表示你們馬上就變成好友，只表示他們喜歡你的提案而已。他們在具體問題上提出的反饋意見，永遠是坦誠的。不過如果你問紅色性格者，對你的粉紅色新襯衫有何看法，那麼你絕對會怪自己為什麼要多嘴問他們這個問題。

黃色性格—鼓舞型的行為模式

特徵1：愛笑，而且跟誰都能聊不停

沒有人比黃色性格者更愛微笑。他們總可以發現讓人微笑的事物，甚至覺得人生

其實非常棒，呈現出非常快樂正向的一面。黃色性格者具有開放的態度和快速的說話方式。他們無所不談，而且經常說話。如果你想要很快辨識出黃色性格者，只要看誰在一群人之中高談闊論就知道了，他們的句子開頭往往是「我」這個字眼。

黃色性格者很熱心。他們會讓你感到愉快，給你受到關切的感覺。握手有力，但不會太用力。他們並不像紅色性格者需要掌控欲，但會把空出來的那隻手放在你的手臂上，表現出遇見你有多麼美好。人們常常覺得有他們陪伴真的很棒。

但不久後，你會注意到，黃色性格者一直在問你事情，卻似乎沒有真的想聽你回答，他們不是很好的聽眾。他們是談話的主導者，而且會創造一種愜意的氣氛。我們不禁懷疑，他們是否發現，即使沒有我們，談話氣氛也會一樣愉快自在。

他們可能不會發現。黃色性格者顯然是社會性的動物，他們想要被人群圍繞。如果他們被迫得到一間幾乎沒有人的辦公室工作，可能會抑鬱而死。只要有人群的地方，就一定找得到黃色性格者。他們擁有豐富多彩的社交生活，相識滿天下，手機上的聯絡人清單比你想像的還要長。此外，你們不必交談很久，他們就會詢問你臉書上的別名。你們現在是朋友了！讚！

特徵2：創意無限，但欠缺執行力

黃色性格者總是比其他人更有創意。如果你認為他們提出的是值得考慮的構想，那你最好把它寫下來，因為他們可能只會在便利貼上匆匆做些摘要，然後說：「我們可以稍後談論細節。」後來可能就不了了之。

不久之前，我遇到一位充滿創意的ＩＴ創業家。她滔滔不絕地談論，闡述她將要做的一些事情、已經發現的種種可能性，以及正在推出的計畫。當然，毫無疑問地，她正在進行很多事情，但事業卻停滯不前，毫無進展。在我看來，原因在於，她終日與和她同類型的人為伍。大約有二十個人為她工作，這些人全都同樣愉快、開朗，積極，但是行事幾乎沒有章法。很明顯地，他們一次拋出太多顆球，這些球就像從蘋果樹上紛紛落下的蘋果一樣，會砸到別人頭上。

你不只是從他們的工作方式才可以看到這點。這位創業家的辦公室像是災區，塞滿了你能想像到的一切東西；會議室看起來就像戰場。但員工認為這沒有關係，因為他們將它視為一個創意環境，一切都很好。但混亂、缺乏章法與「創意」並不一樣。對黃色性格者來說，事情可能就卡在半途。他們很難留意到小細節，而這往往阻礙他們處理更大的事情。客戶們不會因為造訪名稱奇特的地址，並且踏進看起來像儲藏室的辦公室，就感到印象深刻。

這個ＩＴ創業家的未完成專案計畫多不勝數，這確實是黃色行為的一項重要特徵。黃色性格者善於創意發想，但是沒有能力執行，因此需要其他顏色的員工一起協助才行。

特徵3：全世界的人都是他們的觀眾

黃色性格者非常熱情。你絕對會認識他們的家人，看過他們孩子、小狗和摯友的照片。他們的辦公座位會擺滿個人物品，而這些物品可以提供你很多線索，例如他們支持哪支球隊，無論是高爾夫球隊還是帆船隊。

大約十年前我任職的某家公司有個「桌面淨空政策」，在離開辦公桌時必須清理桌上所有的資料。這個構想是紅黃色性格的執行長提出的。對我來說，這不是什麼麻煩的事情。雖然我的個人特質中有一些黃色，但我的桌子上從來沒有太多東西。另外，我也喜歡有條不紊，物歸原位。這可能是因為我的個人特質中也有相當多的藍色，且深受美學驅動力的影響，意味著當周遭的事物井然有序時，會使我感覺更好。

但公司裡有些黃色性格顧問認為，他們看不出清理桌子的重點在哪裡，反正桌面很快就會變亂！另外，禁止把個人物品放在自己桌上的規定也很不合理，你有很多孩子和跑車的照片，若不能放在自己桌上，那要放在哪裡？除了那些顯而易見的地方之外。黃色性格者不知道自己的桌面是何時開始變亂的，也覺得根本沒必要物歸原位。

另一方面，在商業交易上，很少有人可以和黃色性格顧問一樣戰果豐碩。他們總是東奔西跑，經常在講電話，口若懸河的天分常常讓客戶大為驚訝。他們有絕佳的溝通技巧，使用正確的用字遣詞易如反掌。聽黃色性格者說話，真的很棒。當你聽到對方說到最後時，只會想大喊：「太好了！這東西我要定了！」

有了適當的支持，就沒有什麼事情會妨礙黃色性格者。他們只要站在椅子上，口若懸河發表精彩的演講，就能鼓舞人心。對一般人來說，最糟糕的事情之一莫過於在眾人面前發言。這一點絲毫不適用於黃色性格者，他們非常樂於做這件事，而且還可以講很久，你的挑戰在於要怎麼做才能讓他們離開講台。

特徵4：善於激勵人心

黃色性格的同事經常激勵和鼓舞同事，隨時給予對方讚美，而大多數人都喜歡受到讚賞。即使他們是優秀的溝通者，通常也會讓別人表達自己的觀點。他們會徵求大家的意見和想法，在團隊中創造積極正向的氛圍。當事情變得一團混亂時，黃色性格者就會挺身而出，給團隊注入新的活力。他們鼓舞人心的方式，對每件事和每個人都會產生影響。

特徵5：只喜歡聽好消息

談到黃色性格者，大家常常會說「他們真的很好，是大好人！」黃色性格者的優點就是友善、有趣、令人愉快、幽默、隨和。不過，他們也會想得到對方的啟發，希望周遭的人跟他們一樣健談和喜歡微笑。因此遇到黃色性格者，最重要的就是面帶微笑！微笑是你未來和他發展人際關係的重要關鍵。如果你微笑，自然可以表現出快樂和積極態度，這正是黃色性格者想要共處的人。

如果你悶悶不樂，黃色性格者會覺得跟你在一起很不舒服。他們當然知道世界上總有壞消息，卻不願聽到。他們總是想要冰淇淋和氣球，而你所能做最好的事，就是確定你在消息中確切加上那些令人愉快的要素。即使當你告訴他們貓咪從屋頂掉下來，或大型投標案流標時，也要面帶微笑。你可以稍後再去收拾殘局。

想和黃色性格者建立親密關係，就要敢於說明你是什麼樣的人。好好表現自己，不要害怕說出你對跑步、車子、或想在家中度過舒適夜晚的看法。這樣黃色性格者會更喜歡你，認為你很坦誠。他們很願意和大家分享自己與自己的生活（幾乎是完全公開，沒有隱私可言）。如果你也對他們敞開胸懷，你們很快就會成為最佳夥伴。

黃色性格者喜歡那些會讓紅色性格者反感的社交閒談。他們喜歡談天氣、瑞典足球傳奇巨星茲拉坦（Zlatan）的最新合約會花落誰家，以及緬甸是否真的會成為下一個旅遊新興國家。但是請記住，美國總統大選不是一個合適的主題，因為有太多的負面消息了。黃色性格者想要的是積極、隨性的交談。他們不會想聽到，自由世界的領袖是自希特勒以來最令人討厭的人這種倒胃口的事。

特徵6：不喜歡負面的反饋

黃色性格者對冷漠、缺乏情感的態度非常反感，例如不微笑。如果你非常嚴肅（就像藍色性格者），那你可能不會得黃色性格者的緣。還有，如果你微笑的時間點不對，他們會覺得不舒服，並暗自認為無法和你和睦相處。

若要強迫黃色性格者進行充滿數字和細節的理性討論，同樣也很糟糕。外面氣溫是攝氏九點六五度還是十度，到底有什麼重要？黃色性格者不在乎他們究竟是遲到一刻鐘還是十八分鐘，這有什麼好大驚小怪的？重要的是，他們「現在」已經到了！

舉個相當有趣的例子。黃色性格者可能會跑來找你，推薦你「一定」要去試吃某家新餐廳，那裡的餐點簡直是太棒了！當你（當然是微笑地）向他們詢問餐館的地址時，他們卻不記得了，甚至連餐廳的名字同樣也是霧煞煞。如果你問他們究竟點了什麼菜，他們也未必會記得，只知道你應該去那裡嘗鮮。他們能講的全都講了，剩下的事情就看你自己了。

你應該確保，你的黃色同事、好朋友或夥伴在談話中有足夠的表達機會。他們一旦開口，誰都阻止不了，但如果你碰巧屬於輕微支配型的紅色性格，可能會當著他們的面舉起一隻手來示意要他們閉嘴。這不是我推薦的作法。這麼做你只會看到對方一臉不悅，而且絕不會理你。事實上，沒有任何人喜歡被那樣無禮的對待。

如果你對黃色性格者有一些批評的話，請慎選發言時機。如果你是主管，麾下有一些黃色性格者搞砸事情，不要公開提出負面的反饋意見。當負面的批評直接對上黃色性格者的極度好面子，你就有可能變成對方真正的敵人。

綠色性格—穩定型的行為模式

特徵1：溫柔體貼的後勤部隊

要判斷你是不是在和一名綠色性格者打交道，可以從以下事情來判斷：他們很少抱怨，相當謹慎，不想要主導任何事情，寧願由別人作決定。他們非常友善，會把決定權交給任何跟他親近的人。

綠色性格者經常會說：「當然我不會介意……」他們很少與人爭論，雖然不一定每次都同意別人的看法，但也不會公開表達意見。不過，要是和最好的朋友一起，朋友又提出未經深思熟慮的看法時，他們就會表達真正的想法。你犯下的最大錯誤可能是以為綠色性格者完全沒有意見。他們確實有意見，只是沒有表達出來而已。

他們追求穩定，會盡可能避免各種形式的改變。「按照現狀就好了」，或者「你應該要知道自己已經擁有什麼，而不是你還想要再得到什麼」，是典型的綠色評論。

綠色同事往往非常貼心。他們會煮好咖啡，特別拿到你的座位，順道問你身體如何，腰還有沒有再痛。他們一直都記得你之前曾經腰痛，而你卻幾乎忘了這件事。

綠色性格者在團隊中表現最好。儘管相當內向，但他們並不喜歡獨處。他們覺得沒有必要一直說話，與同事在同一間辦公室共處通常已經足夠了。如果在家裡，社交對他們而言應該就是一起坐在電視機前看電視。

特徵2：非常忠誠

和綠色性格者共事會相當順利，因為他們不會干涉你，你也不需要特別配合他們。然而，某些人無疑會濫用這一點，稍後再詳加說明。

我特別清楚記得的一個例子是我曾經合作的一家保險公司。這家公司約有五十人，老闆是黃藍色性格。他有自己的想法，經常想出各種點子，他的團隊也想要表現忠誠和團結，即使不喜歡改變，他們還是聽取了老闆提出的想法並著手進行。但是由於老闆也具備了很多的藍色性格，這就像是一個急停開關，有時會對進行中的事情緊急喊卡。

這樣朝令夕改、反覆變化的政策，令綠色員工感到困惑，因為他們想知道到底該怎麼行事，太多含糊不清的指令只會製造他們的壓力。

對綠色性格者來說，忠誠是重要的事。他們忠於身處於同一個圈子的人，包括他們的家人、鄰居，以及跟他們開同款車、屬於同一個足球或保齡球俱樂部的人。在工作上，忠誠是針對直屬的工作團隊。他們最忠於自己最了解的人。這可能意味著一個問題：如果組織非常龐大，忠誠不一定是針對最高管理階層，也不是針對公司正在努力拓展的業務部門。他們比較關注自己辦公桌周圍發生的事情。如果他們的同事表示他們不喜歡某件事情，綠色性格者也會一起表示認同。總而言之，基本的規則是綠色性格者若是對誰有信心，就會同意對方的看法。所以如果你知道這些人是誰，你就可以弄清楚綠色性格者的想法是什麼。

特徵3：全世界最好的夥伴

綠色性格者很親切。當你要進屋子時，他們會為你開門；如果你要在超市裡逛十分鐘，她是會毫不猶豫幫你看狗的女孩。如果你遺失裝滿錢的錢包，她撿到後會把錢包交還給你，並要求你清點錢包裡的金額有無短少。但說綠色性格者不可能偷竊是愚蠢的，事情不是你想的那麼簡單。然而，基本上他們是誠實的，不想傷害任何人。他們希望能夠依靠別人，也希望別人能夠依靠他們。

沉穩是綠色性格者成為最佳夥伴的原因之一，也是受人讚賞的特質。綠色性格者是不會讓人感到壓力的類型。這並不意味著他們處變不驚，但取決於與之合作的人屬於什麼顏色。基本上他們有一種穩定性，當事情開始如火如荼進行時，會非常需要這種特質的人。如果你有一群幹勁十足，卻缺乏效率的黃色員工，那就派幾名綠色員工加入團隊。他們將會抑制最糟糕的混亂情況，確保事情恢復正常。

在工作團隊中，你總是會清楚知道綠色性格者的狀態，因為他們很穩定，不太會有多大的改變。對管理者來說，綠色性格者不會想到很多瘋狂的事情，十分讓人放心。如果他們想到一些不同尋常的點子，在確認可實行之前他們會先按兵不動，等確認無誤後才會採取行動。

紅色與黃色性格者的思想和行動間的距離相當短。紅色性格者在還不知道自己該怎麼做時，就已經開始行動。黃色性格者則會盡可能開始召集眾多擁護者，並且組成一個大型組織開始運作，以展示他們的能力。

但綠色性格者不會那樣做。如果他們覺得指示不明確，或管理者不夠積極，他們就不會採取行動。這並不是什麼壞事，因為他們在等管理階層下達新命令，因此也無須擔心會有不愉快的事情發生，綠色團隊將一如以往，繼續朝相同的目標努力。綠色性格者因為個性沉穩，經常貢獻新的見解。他們擅長詢問別人的意見，同時聆聽答案並記住重點，因而在團隊中創造良好的動能。團隊中極少人會因為綠色性格者的行為而感受到威脅。

那麼綠色性格者的缺點是什麼？他們的缺點不是那麼明顯，要找一下才能發現，我在這裡已經點出來了。整體來說，綠色性格者太容易被利用，因為他們非常友善和包容。稍後，我們會探討為何常會發生這種情況。

特徵4：事緩則圓

綠色性格者性格內向，所以凡事慢慢來，就是我給你的最佳建議。當你有大家都喜歡的最佳構想時，別忘了綠色性格者可是對目前的事物感到滿意，不想再作任何改變。因此，要取得他們認可的作法是：你坐下來喝杯咖啡，撥點時間詢問你的綠色伴侶感覺如何。問一些關於他們剛剛在做什麼的私人問題、對他女兒在托兒所上課的情況展現興趣、談一下即將來臨的暑假。接著你可以小心地提到你真正想討論的話題。

我知道你不可能在每次談話開始之前都先花五分鐘來暖場，但如果你要對綠色性格者提出更大的問題，並讓他們專心聆聽，這會是個好主意。你讓他們看到你的關注，就可以解決他們心不在焉的問題，但你也要寬容一點，不要期待他對你的話給予掌聲。對方可能沒有什麼特別的反應。

但是，你一定要詢問綠色性格者的意見。他們有想法，但不會輕易洩露。他們有意取悅你，所以想先知道你的想法，以便調整自己的回答。如果你真的想知道他們的想法，你得嘗試別的策略，像是問很多問題、徵求建議等。而且問題不是要針對綠色性格者本身，而是針對團隊、小組、公司。請記住，團隊比個人優先。

綠色性格者很少提出直接的答案，他們會迴避問題一段時間。有時候這會讓你感到非常惱火，但如果你掌握了關鍵，這就不是問題。

關鍵就是，你必須有充分的耐心，使用循序漸進的方法。例如，把你的訊息分成幾個小部分，逐步傳達。將它分散在幾場不同的會議中討論，尤其是如果你所說的話可能會有爭議的時候。如果一項計畫需要委派人員，你可能需要分批在星期一、星期三和星期五，每次討論一小部分。

這種作法的優點是，綠色性格者會有時間消化你的話，處理你給予的資訊。他們有可能擬定自己的問題，這可以讓你更容易得到你所需要的認同。當綠色性格者將所有可能發生的事情都深思熟慮後，就會忠於新計畫，或是對你想處理的任何事情都盡心盡力。

特徵5：討厭被人催促

經過剛才的說明之後，哪種作法的效果最差，就顯而易見了。當綠色性格者感到急促不安時，當你要求他們快速提供答案、決定或明確的談話時，會令他們感到緊張，這樣根本無法得到你想要的東西。

由於天性使然，紅色性格者最難與綠色性格者相處。紅色性格者的行為意味著任務導向和迅速，綠色性格者的行為意味著關係導向和猶豫不決。而且紅色性格者經常會在言語上冒犯綠色性格者，使對方尷尬，他們會直視綠色性格者，告訴對方「照著這樣做就對了」還用特別大寫字母標示。這種支配行為對綠色性格者根本不管用。想想看，你正在和一個總是優先考慮團體的人交談，如果用這種支配方式行事，就表示你優先考慮自己，和對方根本是兩個世界的人。

請務必謹慎行事。如果你第一句話就劈頭講工作，綠色同事會覺得你真的很沒禮貌。表面上他們會點頭微笑，但一心只想擺脫你，等到你走了，他們會把你給的文件放在一疊文件的底部。他們完全了解你要他們處理的是急件，但因為你行為粗鄙，他們會什麼都不做，藉此懲罰你。

特徵6：競爭力低、不愛與人衝突

談論委派工作時，要記住另一點。綠色性格者通常不是具有競爭力的人（這同樣也有例外）。如果你的銷售目標或數字訂得過高，他們就不會有任何行動。紅色性格者可能會拼命達標，但綠色性格者會直接坐在沙發上喝咖啡，深信目標太不切實際，根本不值得嘗試。他們絕不是為了獲得重大成果而努力的野心家，比較像是自願加班幫同事值夜班的護士，只因為病人太多、人手不足、有位同事身體感到不適無法到班。這實際上是相當大的成就，他們卻是不會被看見的幕後功臣。

最後一點，如果你能避免和他們爭論，那會更好。綠色性格者害怕衝突。當你說出對他們的看法時，措詞要稍微謹慎。

藍色性格—分析型的行為模式

特徵1：善於分析的監察員

遇見藍色性格者，你首先會看到的是一張非常中立的面孔。注意，不是負面的，而是中立的。他們不輕易牽動臉部肌肉，只會在有事情可以笑時才會微笑，僅此而已。他們整個肢體語言是平衡的。藍色性格者永遠不會作出明顯的手勢，連握手方式也很難讓人理解。他們要有理由才會跟你握手，而且理由很少只有一個。

他們說話冷靜，而且往往經過縝密思考。許多藍色性格者以一種令聽眾難以保持專注的模糊語氣說話，這是因為他們認為重要的是內容本身，如何呈現內容並不重要，事實就是事實。

從表面上來看，你會從藍色性格者明顯的冷靜態度認出他們。他們的情緒起伏不會太大。如果你要在他們附近引爆一枚炸彈，他們會來看看爆炸後的殘骸，想知道炸彈是怎麼組成的。如果回家時發現家裡正為他舉辦驚喜派對，藍色性格者可能會在開燈時面露微笑，而回應「喔！真好」之類的話，這就是他們的行事作風。

特徵2：冷靜而挑剔

曾經有位經理參加一項需要使用DISA性格學的訓練計畫，他想知道如何分析「沒做任何事的人」。他告訴我，他有位幾乎不跟別人交流的同事，嚴格來說他整天只是靜靜地坐在電腦前，不參與工作上的交談，而且若非必要則不苟言笑。他的臉就像石頭刻出來，總是面無表情，這位經理懷疑對方是否有問題。

我問他，這個人是否非常重視細節，他說確實如此。顯然就Excel和數字來說，這位同事實際上是「雨人」（rain man）類型，在處理各種資料時，誰也找不出他的毛病。他可以流暢地說出不同指南和手冊中的每一個細節。只在有人打斷已經達成共識的流程時，他才會中斷手邊的工作。

那位同事就是徹底的藍色性格者，因此會好好地坐在辦公桌前，按照自己的意思行事，而不是在辦公室裡像花蝴蝶般穿梭，參與各種不屬於自己份內工作的事情。

從這裡我們可以看出藍色行為的優點之一。儘管他們可能不會引起熱烈的掌聲，也不會說些有趣的笑話或是激勵周圍的人，但他們會盡忠職守。他們確定任務內容，然後規畫工作並圓滿完成。藍色性格者屬於任務導向，個性內向，他們通常只在有話要說時才會開口，大概是所有類型的人之中最安靜的一個。

除非你要求，否則不要期待對方會提供任何反饋意見。你的藍色同事、夥伴或伴侶在看到你所做的事情後，不會主動停下來說：「哇，做得好！」如果你問他們的想法，他們可能會直接回答你，還會給你一些額外的建議，告訴你如何能做得更好。

藍色性格者的眼光挑剔，他們一眼就看出每一個缺點。他們大多只會談論什麼事情進行不順利，然而他們不會看到整體，而是著重在細節上。即使你花費整整一個月的時間徹底翻修了廚房，藍色鄰居也會指出某個櫥櫃的門有點彎曲。就像紅色性格者一樣，藍色性格者會說出他們的想法，而且不會用委婉用語來包裝。你必須接受這一點。

特徵3：一切都按順序進行，就像理應如此

我已經說過，藍色性格者是任務導向，也就是具有實事求是的態度。他們經常會堅守正題，不會超出議程，而且一次只會做一項工作。他們做事都不會小題大作，有時候還極度低調。藍色性格者很少發送任何電子郵件談論他們最近的成功事跡，相反地，當他們向執行長遞交了一份銷售報告時，要在第十二行才會簡要地提到本年度最大的一筆業務交易。

當執行長衝進辦公室，熱烈讚嘆這項重大勝利時，藍色性格者只會看著他們的主管，以一貫的中立表情解釋說，他們只是做了份內的工作。這並不代表藍色性格者不需要反饋意見或表揚，但他們真的不會把這些看得非常重要。當我自己讚揚藍色銷售員所做的驚人貢獻時，對方僅會說一句「謝謝你」。藍色性格者得到大眾關注並不會感到不愉快（不想在任何情況下被注意到的人是綠色性格者），只是不會刻意尋求關注。他們可以走上講台受到熱情款待和獻花，然後下台回到辦公桌前繼續工作。只因為現在還不到下班時間，仍得繼續上班。

另外，藍色性格者通常是守時的，當然這一點也會有例外，我知道有些藍色性格者似乎不太會看時鐘。不過通常你不太需要多嘴提醒藍色性格者要在四點鐘見面。他們會說：「你在一月份已經說過了，為什麼現在又要再說一次？」

守時這一點在工作上也是很明顯。也許現今因為工時往往相當彈性，情況和以往不太一樣，但是我經常在不同的工作地點聽到的一個評論是：「喬治在那邊，看著好了，他會準時在五點鐘起身下班。」確實，不管在哪裡工作，喬治都是準時五點整回家。為什麼？如果你必須在某個時間點停止工作，那為什麼不在一般大家公認的五點鐘下班呢？我們可以肯定的是，他每天都會在同一時間離開辦公室。為什麼？嗯，為什麼不呢？

特徵4：偏好單打獨鬥，探究事物的核心

實際上藍色性格者比較喜歡單獨工作。除此之外，藍色性格者天生會深入挖掘所有的事實和可能的解決方案，因而可以深入問題的核心。藍色性格者總是比別人詢問更多問題，所以你不會錯過重點。當他們在做出最終決定時，已經先檢視過所有細節，因此成果的品質相當高。

如果你可以依靠某人，這是一種相當好的感覺，不是嗎？要愚弄藍色性格者相當困難，因為他們會查證你說的話，如果你唬他們，他們會知道的。

特徵5：工作認真，注重細節

那我們要怎樣與那種極度冷靜的沉默者相處呢？最簡單的方法可能是堅守崗位。就像紅色性格者一樣，藍色性格者到公司是來工作的，所以你得確保你也會這樣做。也許你心想，我也是出來上班工作賺錢，每個人不都是這樣。但你自己也明白，你不會一直認真工作，有些時間是花在像是上網、辦點雜事、在咖啡機旁閒談上。我們或多或少都會這樣做。

只有藍色性格的同事除外。他們會坐在辦公桌前認真工作。如果你想獲得他們信任，就要先「做好自身工作」。如果你要和他們共事，確保你真的做好準備。你不能在出席一項會議時，沒有徹底熟悉正式文件，或者沒有備好萬全的資料。如果你不知道自己在做什麼，藍色性格者會立即評斷你很不用心。

假設你要為一位藍色性格客戶做簡報，你要先了解提案重點。當你站在藍色性格者面前揮舞著手臂說明時，他們會納悶的是「你是怎麼知道這一點？」因此，你需要解釋你是如何得出「這項提案最好」的結論。即使你認為在上次會議中已經提過了，你還是應該回顧一下，並確保客戶看到你所看到的。同時，他們可能已經自行做了一些研究，如果你不再確認他們的想法，你會錯失成功的機會。

不要期待對方會表現任何的喜悅。即使你的簡報很精彩，而且藍色性格者也得到他們所要求的，他們仍不會覺得有需要提供你反饋意見。他們要嘛接受你所說的話，要嘛不接受。如果你夠幸運，他們會（仍然板著那張能讓你感到緊張的臉）說：「聽起來很好。」

你想與藍色性格者商談順利嗎？那就談談細節、事實，以及執行細節時需特別注意的重點。談論規畫、結構，以及如何使一切井然有序。這會讓你表現得很出色。

特徵6：品質最重要

就像綠色性格者一樣，藍色性格者不喜歡被施加壓力，他們有自己做事的節奏。然而，這兩者還是有一個重要的區別，雖然綠色性格者會感受到「決定」本身的壓力，並不喜歡做決定，但藍色性格者對決定的過程很感興趣。如果你試著催促他們，反而會得到反效果。你得看事情要花多少時間，就花多少時間。如果你逼得太緊，藍色性格者只會簡短回答：「那我們就不需要了，謝謝你」，不然就是拒絕接你的電話。這發生在我身上好幾次了。

當你和藍色性格者共事時，應該避免所有的草率行動。如果你的性格中缺乏藍色，並自認為已經完全掌握一切，很抱歉，對藍色性格者而言，你看起來可能不怎麼樣。例如，藍色性格者會把你報告或標案中寫的每一個字從頭讀到尾，他們會檢查是否有錯字、哪些行列沒有對齊，或 Excel 試算表中的字體是否一致。他們或許不會說出口，但會作為觀察項目之一，從這些細節中來了解你，以及判定你是不是可靠的人。

當你面對藍色性格者出其不意的問題，卻不知該如何回覆時，可以先說：「關於這個問題，請容我晚一點再回覆。」但如果只是要編造理由脫身，就行不通了。

大約一年多前，我投標承辦一項約有一百八十名參與者的銷售計畫。我知道決策者是深藍色性格（而且帶有一點紅色性格），所以在簡報時說得非常詳細。但是我卻忘記計算出每位參與者該支付的費用，這並不是一個嚴重的錯誤，因為我可以當場就計算出來。但不幸的是，計算的當下我忘記加上場地費，所以我給了對方錯誤的數字。客戶在下次會議上便指出這一點。當然，他已經自行檢查過那些數字了。在事件發生之前，我不覺得他有懷疑過我所製作的文件，但之後藍色客戶都會自己再核算一遍文件上的數字。

對藍色性格者而言，品質是最重要，絕對不可小覷。

最後的小叮嚀

以下，是關於ＤＩＳＡ性格學的幾點注意事項，請大家務必留意。

- 每個人所做的一切行為，並非全都可以用ＤＩＳＡ性格學來解釋。
- 可以解釋性格學的方法有很多。我以ＤＩＳＡ為基礎，是因為在教學上大家比較容易理解。
- 除了ＤＩＳＡ性格學的「四種顏色」之外，還需要其他條件才能更完整表達人們的行為模式。
- ＤＩＳＡ性格學是根據徹底詳盡的研究，廣泛使用於世界各地，並翻譯成三十五種不同的語言。
- 歷史上不同的文化中都有類似的模式，例如兩千五百年前希臘的希波克拉提斯曾提出了四種體液說。
- 大約八〇％的人擁有兩種支配他們行為的顏色。大約五％的人只有一種支配行為的顏色。其他人則由三種顏色支配行為。
- 純綠色的行為，或與另一種顏色結合的綠色行為是最常見的。最不常見的是純紅色的行為，或是紅色行為再加上另一種顏色。

- 兩性之間的行為可能有所不同，但本書省略性別差異。
- DISA性格學不適用於分析被診斷出患有注意力不足過動症（ADHD）、亞斯伯格症、邊緣型人格或其他症狀的人。
- 在本書中提到的案例也會有例外。人是很複雜的生物，甚至連紅色性格者都可能很謙虛，黃色性格者可能會認真傾聽，綠色性格者會處理衝突，藍色性格者也會了解什麼時候該停止一再檢查文件是否正確。
- 上述所有內容都牽涉自我認知或自我意識。假設自我認知不夠，問題就會出現。
- 我的顏色是紅色加藍色，並且帶點黃色。完全沒有綠色。抱歉。

第五章
相互操縱與背後的驅動力

「人們通常無法相信自己會這麼容易被操縱和控制，這就是為什麼他們這麼容易受到操縱和控制的原因。」

——威爾遜・布萊恩・基伊（Wilson Bryan Key）博士

是「影響」，還是「操縱」？

操縱是種負面行為嗎？不一定。所有的關係都包含某種影響力或說服力，本來就是如此，不是嗎？與妻子商量想去釣魚的男人，或是當丈夫想要拜訪兄弟，並且順道去烤肉野餐時假裝頭痛的妻子。這些是相對無害，雖然可能會令人惱怒，但卻是經常發生的事情，我們每天都會碰到。

另外，操縱也可能會產生正面的影響力。例如，醫生因為擔心你的健康而試圖讓你改變飲食；老師試圖說服孩子認真學習；父母鼓勵孩子做家庭作業，還保證如果考試成績好就發獎金。撫養孩子不過是長年累月施展影響力的過程，但至少那是基於良好的目的。那種影響力包含了你對你想影響的對象給予某種程度的尊重：「我的動機是好的，我想給他或她最好的。」

如果查看英文同義詞詞典中manipulation（操縱）這個字，可以找到下列建議：operation（操作）、handling（處理）、management（管理）、use（使用）和guidance（指導）。操縱意味著有意識地（嘗試）改變事物，使它們適合我。這個詞本身可能沒有任何真正的情感，但大多數人在談論心理操縱時都會提到它的負面含意。你絕對不會這麼介紹你的未婚妻：「麗莎絕對是可人兒，她很漂亮，又會逗我笑，而且她很善於『操縱』。」這聽起來好像哪邊怪怪的。

操縱者善於運用手段促使某人改變，比如說，他們沒有讓人們了解真正的目的，就擅自在某件事上自作主張。一般來說，這是以自我為中心。

如果我試圖說服某人借錢給我，卻完全無意還錢，這種損人利己的行為，就是負面操縱。如果我安慰、鼓勵和讚美某人，而這種行為使對方感覺更好，這可以視為心理學家所謂的正面操縱。在正面操縱下，我的動機是善良的。如果我老婆恢復好心情，她就可能會準備晚餐，而我也不用自己下廚了。當我的動機良善，我寧願把這個現象稱為「影響」而非操縱。

其他類似的例子還有像是孩子若想要求父母准許某件可能不被答應的事情，他們會在提出要求之前討好父母或是幫忙做家事，例如把洗碗機裡的碗盤取出擺好；妻子刻意引誘丈夫，為的是週末家庭聚餐時，丈夫願意一同參加；丈夫承諾會修好露台地板，為了想要和他的隊友外出。

老實說，大多數人在某個時候都曾經被利用。我們全都碰過老是損人利己的人，有些可能只是小事。例如，某位同事沒辦法趕上最後期限時，總是會求人幫忙，可是當我們需要支援時，卻視而不見。或者某位鄰居跟我借東西，卻從不歸還。他們當然知道，我為人太善良，不會小題大作。也許你和我一樣經常掏腰包，因為有人讓你覺得這是你的責任。有時候，不去和人計較確實是最簡單的作法。

我們都曾操縱過別人

我們可能都曾利用過別人，只不過從你的角度來看，這不像是利用。比方說我請別人幫我跑腿，即使我可以自己來，但因為懶得動，就跟對方說自己沒有時間去。或者，當我和家人在國外時，我早上跑去喝了一杯酒，還宣稱這對我的胃很好，實際上我只是想喝一杯而已。這些描述都是影響別人的例子。人們會相互影響，這一點毫無疑問。光是我藉著寫這段文字，讓你驚嘆「對！情況就是這樣！」，就是一種影響的形式。因為我想讓你同意我的看法。

通常日常的影響是相對單純無害的。大多數人不會嘗試任何會造成嚴重後果的事情，比如試圖說服一位銀行主管透露銀行金庫的密碼。

另一方面，心理操縱是一種社會影響，目的是透過使用隱藏或欺騙的方法，或者純粹以精神或身體上的侵犯，來改變他人的行為。由於這種方法僅有利於操縱對方的人，一般視為是濫用權力、剝削某人的善意、不真實和欺騙。例如，病態人格者所做的就是典型的心理操縱，但是他們做得太高明，我們渾然不覺。他們必須使出各種招數，以隱藏他們的行為，因為如果我們注意到自己被操縱，就會有所行動。

一個隱性操縱的例子

有個太太想要先生裝修家裡，她的先生一開始抱怨這件事太麻煩，但最後同意，他會包辦所有的工作，包括購買材料等。太太問先生這樣會花多少錢，他算了一下之後回答五萬克朗（約台幣十九萬元）。她從自己的帳戶匯錢給他後，也不再過問，因為對方是她先生，她信任她所嫁的人，心想反正這也是他們共有的房子。

不久，先生開始施工修繕，但是這筆錢很快就全部用完了，他需要更多錢才能夠完成工作。問題可能在於沒有足夠的錢買壁紙，或者因為太太想要更花俏的裝飾，所以木工方面花了更多錢。她喜歡一切看起來美美的，不是嗎？當然，太太希望他趕緊加把勁完成，所以她匯了更多錢給先生，於是工程繼續進行。

看到這裡你可能會懷疑，這真的是心理上的操縱嗎？這看起來比較像是一個普通的家庭裝修工程。

表面上也許是，但如果我們更仔細觀察可能會看到一些奇怪的現象。首先，先生購買的材料都沒有附上任何收據。工程完成後一個月，建材行開始寄帳單給太太，發票內容是地板、天花板、壁紙等項目。太太百思不得其解，畢竟她已經給了先生很多錢，現在她怎麼還會收到帳單？但是先生要她放心，說這只是比預算多花了一點點，而且她真的（他喜歡這樣強調）想要最好的。這是建材行搞錯了，他保證會立即解決問題。當然，他並沒有這樣做。

所以女人再度付錢。現在她已經為裝修付了兩次費用。或者可能付了四次；沒人知道整個裝修工程究竟應該花費多少。

很明顯地，病態人格者（在上述案例中是先生）在耍老千，在裝修上A了「少許款項」。他很可能把一半、甚至全部的錢用在別的東西上。他得手的原因是他非常了解他的妻子。他知道她對細節完全不感興趣，她不想知道螺絲的價錢是多少。她完全不知道像這樣的裝修工程應該花多少錢，如果她開始問丈夫問題，他可能會提高嗓音，並表示這些指控令他很生氣。她怎麼能懷疑他呢？

心理控制已司空見慣。沒有人受傷，沒有人死亡。病態人格者騙他妻子支付大筆款項，他再將這些錢拿來任意花用。遺憾的是，這是真實發生的例子，結果證明，先生把A來的錢用來和其他女人幽會。

「操縱」與「影響」之間的差異

我們總是試圖影響彼此。我們辯論和討論，權衡利弊，單純希望你能同意我的看法。只要有良好的目的，沒有不可告人的理由，沒有別的東西摻雜其中這就只是影響。但如果我想透過撒謊和欺騙來改變一個人的觀點，那就是操縱；如果我試圖讓人做些他們不想做的事，那就是操縱。

有時很難說這兩者的界線在哪裡，簡而言之，只要是有惡意、隱藏的動機或不可告人的理由，那絕對就是操縱。

大多數人不會互相操縱，因為我們都還有良心。如果我騙雷夫為我在工作上犯下的錯誤揹黑鍋，將來我很難在他面前抬起頭正視他，甚至連和他同處一室都如坐針氈。但如果我沒有良心、不覺得有一絲悔恨，而且真的不在乎他的感受，那即代表我就是在操縱雷夫。

我們為什麼要互相操縱？

答案很簡單，因為我們想從另一個人的身上得到某種東西，某種我們不能用任何其他辦法得到的東西，或是無論如何不能以更簡單或更快的方法獲得的東西。原因有很多，有時是關於個人的驅動力，也可以說是動機。驅動力有很多，包括愛、性、權力、金錢等。在職場上，主要有六個驅動力：

- 理論驅動力
- 實用—經濟驅動力
- 美學驅動力
- 社交驅動力
- 個人主義驅動力
- 傳統驅動力

接下來，我們來看看每個驅動力。請務必思考哪些驅動力最吸引你。

- **理論驅動力**

這個驅動力的背後，是渴望學習和獲得更多的知識。擁有這種驅動力的人通常不從表面或效用來判斷事物，而是努力理解情況，並想得出結論。具有強大理論驅動力的人通常是批判的、理性的，而且是根據經驗來形成他們的觀點，他們可能被視為知識分子，主要興趣可能是探索知識和將知識系統化。

・實用—經濟驅動力

指的是相當重視金錢和事物的實用性，對這些人來說，經濟資源代表的即是安全和自由，對他們自己和家庭重要。具有強大實用經濟驅動力的人，通常對商業活動都有全盤地了解，這種人往往相當重視物質資源和地位。

・美學驅動力

具有強烈美學驅動力的人，相當重視設計與整體的協調性。一般來說，他們會以美學的角度來欣賞物件、經驗和事件。具有強烈美學驅動力的人，會注意事物或現象中具備的特色，不像其他人往往會忽略、不在意。強烈的美學驅動力並不意味著一個人必定利用藝術表現自己的能力，但他們確實對美學、美麗的事物、平衡及和諧特別有感覺。

·社交驅動力

具有強大社會驅動力的人，通常對人很感興趣。這些人欣賞別人，而且個性友善、富同情心和無私。反之，他們會認為具有強烈理論、實用－經濟和美學驅動力的人有點冷酷和難相處。具有獨特社交驅動力的人天生就常帶有自我犧牲的精神。

·個人主義驅動力

這種驅動力背後是某種形式的權力，這並不一定是指政治權力。研究顯示，大多數領導者都具有較強的個人主義驅動力。許多哲學家認為，權力是最普遍和最根本的動力，因為一般在生活的各個領域中都可以發現不同程度的競爭和鬥爭。這個特點在某些人身上尤其具有支配性。這些人往往會爭取個人的權力、影響力和成功。

•傳統驅動力

一般來說，這個驅動力背後是所謂的和諧與統一、秩序與制度，或是傳統。具有強大傳統驅動力的人，通常會尋找某種可以遵循的制度，某種他們相信、可以作為生活上的指引。這可能涉及在不同領域內對於某種事物的信仰，不一定是宗教信仰。例如，這個指引可以包括一個宗教、一個政黨，或是有明確規定和原則指導人們應該如何生活之類的事物等。

你可能在上述驅動力中找出符合自己的性格，但絕不是全部。最常見的是一個人會具有兩個主宰個性的驅動力，但是也有例外。這裡談的可能只是少數非常獨特的驅動力。一些研究人員認為，人類最基本的驅動力只有兩個：權力和性別。也有人說性就是權力的一種。

現實生活中簡單案例

無論如何，真正驅動我們的是，我們盡可能想要爭取的東西。有時我們會跳脫框架，只是為了要得到它。以你自身為例。當你手中有多個選擇時，你所做的選擇在某種程度上會表現出你是誰，以及你的價值。如果你一手是健身房一年的會籍，另一手是購買巧克力和糖果一年的費用，你會選擇哪一樣？先不討論金錢因素，比方說，兩者的價值都在五千到八千克朗（大約台幣一萬九千元到三萬零四百元）之間。

你可能會選擇「健身房會籍」。除了這是比較好的答案之外，有個合理的假設是，你選擇它是因為你想保持良好的身體狀態，而且你認為如果少吃甜食和多運動，就會活得更久，你顯然會降低罹患與體重過重相關的疾病風險。同時，我們知道事情不是那麼簡單。大腦中的受體常常是支配這些簡單決定的因素。我多快才能獲得獎勵？選擇巧克力，一分鐘內就獲得獎勵；選擇健身房會籍，可能需要六個月的時間才能看到真正的成果。所以在這種情況下，驅動力可能是愉快和意志力的結合。每個人都應該要有足夠的洞察力去理解哪一個是聰明的決定。

如果你是想要找一份新工作呢？也許有人已經提供一份你夢寐以求的工作，但薪水差強人意。同時，你有機會得到另一份看起來相當好的工作，這份工作會將你的薪資提高到令人驚嘆的程度。你會選擇哪一個？夢寐以求的工作，還是夢寐以求的薪資？照理說你應該會很容易回答：「當然是夢寐以求的工作」。但是你我都知道，現實生活看起來並不一定是這樣。並非每個人都會被金錢誘惑，但有些人會，兩者沒有誰對誰錯。但這確實牽扯到驅動力，顯示我會選這份工作的原因。

驅動力決定了我在生活中的許多選擇。當我們依最重要的驅動力行事時，感覺會很好。我會在操縱的主題中來談論驅動力，是因為那些了解驅動力的人如果有不好的目的，就可以利用這項知識來操縱別人。

那些愛操縱別人的人往往有兩個原因促使他們行動：想要賺錢或獲得權力。就這麼簡單。如果你我受到完全不同於名利的事情所驅使，比方說想要幫助別人，或是想要創造更美好的世界，那麼我們可能會被人所利用。

第二部

我們與惡之間的距離

——從 DISA 性格學看四色人格與病態人格

第六章

看穿四色性格者的操縱招數

「人只有在承認自己是騙子的時候才最真實。」

——作家　馬克．吐溫（Mark Twain）

正如之前所說的，如果有人試圖影響你，那不一定是負面的。而且，那也是我們一直在做的事情。人們就像銷售員，常會互相交流彼此的思想、想法、經驗、觀點和意見。無論是女人或男人，都會試圖說服讓才剛遇到的陌生人，相信自己會成為完美的伴侶，我對這類單純的操縱根本司空見慣。

下頁是各種顏色性格者行事風格的關鍵字，這些視情況而定，全都可以用於善意和欺騙的目的上。

如果我們檢視不同顏色的人，他們在試圖說服你投資、換工作，或是邀你和他們一起旅行，但你的內心仍猶豫不決，或者明明是輪到他們煮晚餐卻要你下廚時，他們會怎麼做？你又會怎麼做？如果他們單刀直入，說就是想那樣做時，你會如何反應？還是你比較偏好先把你迷得神魂顛倒，讓你開心不已，像這樣採取迂迴戰術的方法呢？

但是不管哪種方法對你最管用，你都需要了解，別人會使用什麼手段來迫使你違背心意改變決定。尤其是，你需要學會分辨對方是使用哪種方法。最重要的是，你要能遵循自己的內心做選擇，而不是有人試圖讓你

高支配/紅色	高鼓舞/黃色	高穩定/綠色	高分析/藍色
強勢	激勵人心	穩重	善於分析
主動	外向	有耐心	深入研究
雄心勃勃	有說服力	可靠	謹慎
意志堅強	口才好	細心	有條理
目標明確	坦率	矜持	精確
解決問題者	正向	惹人憐愛	認真仔細
有活力	有同理心	堅忍	合乎邏輯
好勝	樂觀	善於傾聽	行事傳統
有魄力	有創意	友善	冷漠
好奇	率性	謹慎	客觀
直接	敏感	樂於助人	完美主義者

DISA 性格學四種顏色行為關鍵字

束手就範。我的論點很簡單：沒有人應該違背自己的意願去做某件事。你要清楚意識到你自己所做的每個決定，而不是受人操縱。

這裡有一些例子說明四色性格者如何施展影響力，以及各顏色銷售員會如何說服你的實例。我們同樣會逐一介紹各種顏色，先從紅色性格者開始談起。

紅色性格者影響你的方法

紅色性格者會說，他們的構想比你提出的建議更好，顯然會有收益。如果你不明白，就是理解能力較差。紅色行為就是這麼簡單。在正常情況下，他們才懶得去動用關係，也不會拐彎抹角。他們只是簡單又直接地告訴你他們提案的優點，並希望你認同。

當然，有時他們也會採取類似操縱的手段，但基本上他們沒有時間這麼做。

紅色銷售員的手法——單刀直入，加強攻勢

羅伯是某家製藥公司的銷售代表，他要拜訪一位從未跟他採購過的醫師。由於公

司威脅羅伯，如果再不提高銷售業績，就要把他撤換，因此他決定不用以往的銷售模式和賞心悅目的簡報，改採直言不諱的方式，說服醫師當場必須做決定。

羅伯抱持著深信這次會面會很順利的自信，他走進那位醫師的辦公室，展示新產品，並說服醫師應該使用這種產品，因為新藥的效果更好，病人會更快康復，毫無疑問，所有的臨床研究已指出這一點。如果醫師不了解，羅伯就會加強攻勢。因為羅伯無法等這位醫師慢慢做決定，更不願因為他與另一家製藥公司的銷售代表有好交情而感情用事，讓自己失去這筆訂單。

這位醫生很可能會因為羅伯直率的銷售手段而向他採購。因為身為紅色性格者的羅伯已經先表現出無所畏懼的態度，他拋開所有典型的銷售手法，這種做法或許會成功說服醫生。不少人喜歡的銷售員，是那種會作好準備，不怕客戶提出質疑和挑戰的人。

如何應付紅色銷售員？——大聲而堅定地說「不」，並離開現場

如果你是顧客，當紅色銷售員的產品絲毫說服不了你，那你就直接說「不」。也許你要稍微提高音量，大聲而清楚地說，因為沒有人能強迫你購買不想要的東西。如

果紅色銷售員有一定的領悟力，他們會了解你的意思；如果銷售週期快結束了，又需要在月底之前再得到一些額外業績的話，那他們就會一而再、再而三地嘗試推銷，拚命說服你。

所以你要堅定不移。如果你不想要他們的產品，那就說「不用了，謝謝」，然後離開。當你和一個紅色銷售員打交道時，你不必坐在那裡假意順從，而是要表明一切都結束了。這樣紅色銷售員就會放開你和（他自以為）你差勁的判斷力，繼續再找下一個客戶。我不是指你應該做個麻木不仁的混蛋，但你要知道，儘管離開就對了。

如何與紅色伴侶相處——幫助他們面對現實

如果事關親密關係，那就比較棘手了。如果你的紅色太座正視著你，並且用一種強勢的語氣說：「我們今年秋天要去加勒比海！」那你面臨的問題更嚴重。

有時候你不得不放棄任何反對意見，同意旅行；或拜訪你岳母；或到一家海產店用餐；或買一張全新的真皮沙發。那些只是婚姻中的小小妥協，沒什麼好奇怪的，這是一種協調方式，我們有責任對彼此慷慨。你能和一個與你興趣相投的人一起生活最好，但如果你面對的是你真的不喜歡的情況，就需要做某些事情來解決困境了。

這裡的情況可能是你的妻子想要到加勒比海浮潛，而基於兩大原因，你不贊成她的提議。第一個原因是你根本不喜歡浮潛。你們都贊成應該到有陽光，並且你們都喜歡的地方度假，但浮潛有點嚇人，因為你之前嘗試過，而且不太順利。你皮膚一碰到海水就會起疹子，甚至會被海裡的生物襲擊，你真的不想再浮潛了。

另一個原因可能是你認為這趟行程所費不貲。若全家人到加勒比海度假，會吃光你所有的積蓄。紅色太座有時候想法相當短視，認為只有窩囊廢才會考慮到儲備金，這只是錢而已，用完可以再賺。但你知道，家裡有一輛汽車即將報銷，冰箱也在發出不祥的雜音，你擔心開銷會超支。

這種家族旅行是一個棘手的情況，但請記住，很多紅色性格者習慣大聲喧嘩，為了得到想要的東西而大吵大鬧。他們絲毫不怕衝突。但你也不應該害怕衝突。如果你認為有客觀的理由可以阻止對方預訂加勒比海行程，請嘗試以下方法：

1. 把所有的現實情況寫在一張紙上，包括交通、費用、受影響的相關事項，並與先前的決定做一下比較，例如在房子上的投資、你們以前達成共識的事項等。這將大幅減緩紅色太座的衝動，她對你老是著眼於細節可能會很生氣。當她想要買東西，而且非常想要的時候，她完全知道你會做什麼舉動來阻止她，所以會進行抵抗。

2. 要求妻子列出旅遊的詳細行程，這些是紅色性格者最害怕的。權衡一下利弊。你的妻子會把她所能想到的優點一直加上去，所以你得提出缺點才行。有時候你會發現她是對的，利大於弊，那很好，因為那樣你才能夠放心地去加勒比海。但有時候缺點肯定比優點多，如果你能忍受妻子的壞心情，以及偶爾的出言不遜，你可以讓她理解一下事實。

3. 拒絕聽她火大發飆。你可以不斷提出現實情況，但要堅持下去。一直重述，直到她明白你不會讓步為止。

4. 紅色性格者討厭輸的感覺。提議妥協，做一些事情讓她認為她最後贏得了這場戰鬥。也許改去希臘旅行？這樣不僅合乎預算，而且地中海也有浮潛活動。

5. 買花送她。

黃色性格者影響你的方法

黃色行為者是最常被認為會操縱別人的人。首先，黃色性格者天生口才便給，簡而言之，他們所說的一切都很動聽。他們擅長溝通，很懂得哄人。黃色性格的男人或女孩常常心情開朗，笑口常開，喜歡開玩笑和到處找人聊天，散播好心情。關於這點，有什麼好嫌棄的？

如果他們希望你同意某件意想不到的事情，就會做幾件事。首先，他們會讚美你。黃色性格者喜歡恭維人。請注意，這種恭維可能是絕對誠實的恭維，他們可能非常喜歡你的新外套，或是認為你很擅長和某個團隊交涉。黃色性格者知道讚美別人的價值，即使是別有所圖，但他們仍會把你捧上了天。

黃色銷售員的手法——擅於投其所好，並營造美好情境

利澤特是房地產經紀人。她在這塊領域相當成功。當她想賣給你一間超貴的公寓時，她會用所謂的「相似效應」（similarity effect）來達到目的。如果她看到你的手提包是LV，她會說她也想買這種包包；如果她發現你有一隻貓，她絕對會寵愛貓（也

可以把貓換成狗、天竺鼠、水族館的魚，或任何你可以說出名稱的寵物），而且她會不停地微笑。

當你發現利澤特的個性還蠻不錯時，她會開始告訴你從那棟公寓往外看的景致，公寓的外觀看起來如何，外界評價如何，她甚至會進一步問你，你想邀請誰來參加你的喬遷派對，你可以想像站在陽台上，手持一杯香檳，觀賞夕陽西下，並聆聽朋友們祝賀你買了這棟夢幻公寓。

的確，這聽起來相當美好。很快你就會想像在派對上要穿什麼衣服了。你彷彿可以看到公寓裡滿是你的親戚，而如果你吝嗇的岳父強忍住他的嫉妒，那不是很大快人心嗎？你應該知道，利澤特擅長在你腦海中創造圖像。她講話會用譬喻，熱切到讓你開始納悶，為什麼她自己不出價買下這棟公寓。

她的話是操縱，還是只是一般的推銷言辭？嗯，你細心一點就能看出差異。這是房地產經紀人謀生的方法。一般而言，你和她之間存有一紙社會契約，你們彼此都知道利澤特要全力以赴讓你在紙上簽字，而她也知道你期望的每一樣東西都不會少。利澤特就只是在做她的工作而已。

如果你感覺不錯，就買下去吧！但如果覺得不太對勁，就不要買。這很簡單，不是嗎？

如何應付黃色銷售員？——別跟著感覺走，提出實際的問題

有很多原因可以解釋為什麼很多黃色性格者會從事銷售工作。他們天生喜歡閒聊，而且相當大膽，跟誰都可以聊。他們接近你的時候顯得很自然，同時常讓你感覺很棒。那你該如何自我保護？

就像面對紅色銷售員的情況，你可以直接說你不感興趣。但是，既然你看本書已經看到這裡，我猜想，你認為強迫推銷的銷售員的確有點讓人頭痛，但你也不想跟人起衝突，是吧？

黃色銷售員沒有像其他顏色的人那麼注重細節和事實，因為那類事情令他們覺得很麻煩，而且要逮到出錯的黃色銷售員通常很容易。一個簡單的方法是確認這個人說的是否是事實。就房地產經紀人而言，有很多方法能讓他們表明自己的意圖。

假設你不希望對方硬把這棟公寓推銷給你，或者你只是想自己靜靜地四處參觀，

那麼就先試著忽略這棟精緻公寓對你的吸引力，轉而問一些實際而詳細的問題，例如：總坪數是多少，證明坪數的權狀在哪裡？公寓上次換屋主的成交價是多少？管委會是否有設立維修基金，以及基金裡有多少錢？還有，你舅舅也想來看屋，晚上十點可以私下參觀嗎？

沒錯。你可以像這樣繼續提問下去，直到房地產經紀人決定交給你一張資料，請你自行閱讀，或者乾脆放棄你，轉向下一位似乎比較不挑剔的潛在買家。因為你所有不著邊際的問題都被視為對公寓、管委會、整個地區的批評，也許還包括對房地產經紀人的批評。沒錯！現在，你可以安安靜靜地看屋，而房地產經紀人不會再跟在你旁邊，用她的三寸不爛之舌對你疲勞轟炸。

如何與你的黃色伴侶相處——先稱讚想法，也同時讓他認清現實

談到親密關係，如果跟超級空談家同住，情況會更尷尬。如果你有一位紅色伴侶，你可以直接大聲說不同意，而且如果你還能忍受待在暴風中心一段時間，問題通常就會迎刃而解。但若是碰到黃色性格者，他具有說服力、活力，還有過度情緒化的

個性時，你該怎麼因應？

現在你的黃色丈夫想要展開一項新計畫：蓋一間車庫！聞言後你大吃一驚，透過窗戶向外看，目光所及淨是一些尚未完成的工程：一棵才挖到一半的蘋果樹；一道還沒有完成重新粉刷作業的柵欄；缺了三片地板以及欄杆的陽台；一片尚未除草的草坪，以及那片草坪中間還有個大洞，你甚至記不得那個洞是做什麼用的。

最簡單的作法就是跟他說：「當然好啊，儘管去蓋吧。」但是你知道，你那樂觀、積極、又極富同情心的丈夫，從來沒有真正完成過任何事情，所以你不能只是說「儘管去吧」。想到又會有另一個未完成的工程，還沒有等到工程開始，你就頭痛欲裂了。經驗告訴你：車庫會花太多錢；永遠不會完工；冬天轉眼將至；你從來沒有想要車庫；你需要把這筆錢用在別的事情上。這裡的情況是，你不想要別人說服你接受違背自己意願的事情，並非在討論擁有車庫是不是件好事。

我建議你冒個險。先坐下來冷靜地呼吸，並展現出你很熱中的樣子。擁有一間車庫真是太好了！在冬天能讓車子停放在車庫，這樣你就不用老是得刮掉擋風玻璃上的結冰！（雖然你已經知道，蓋車庫不是為了放車，而是又增加一個不會結束的工程）。你對這個構想表現出熱情是很重要的，否則他不會聽你的話。如果你一開始就說：「真該死！詹姆斯。」他只會變得更固執。相反地，你應該要他告訴你，他對新的車庫有哪些想法。你必須表示出你很想知道車庫會是什麼樣子、要蓋在哪裡、外觀會是什麼顏色。當下他的想像力任意馳騁，會開心地告訴你很多細節。

當你的丈夫說得口沫橫飛的時候，你該做什麼？微笑點頭即可。

接著，你帶你的丈夫去看看前後院和花園。告訴他，有個車庫會很棒，因為這有助於把東西都收納得井然有序。他會點頭，內心仍然充滿熱情。現在你們正站在未來要蓋新車庫的地方，勾勒著未來的願景，也許你可以為這項美好的計畫給彼此再一個擁抱。

下一刻，你再把他帶到房子另一邊的陽台，讓他看看未完成的工作。欄杆都還沒有完成呢！然後，你走到草坪上，那裡有個不知道作何用途的洞，去年春天，三歲的菲利普還在那裡跌跤並且受傷。你可以告訴你的丈夫，你喜歡蓋車庫的想法，只要先把欄杆、陽台地板、草坪大洞，以及屋內屋外所有其他東西都處理完之後，你會很高興幫忙他蓋一間車庫。

從頭到尾你從未反對蓋車庫，你也沒有對你不喜歡的任何重點讓步。其實你已經對蓋車庫這件事大聲表示「同意」，你只是要他先完成其他中斷的工程。但是我們都心知肚明，這不會很快發生。但誰知道呢？如果他確實設法解決所有其他事情，就表示他可能真的想要一間車庫。

面對很容易生氣的黃色伴侶，批評他們的想法一向都很冒險。他們會認為我們的想法是負面且多方設限的。所以在可能不甚愉快的交談中，你應該全程保持微笑。微笑和點頭是讓對方知道你的看法。因為重點通常是關於你如何表達某件事情，而不是你實際上說了什麼。

綠色性格者影響你的方法

有時候我會為綠色性格者感到有些難過。他們太過謹慎和周到，令人很難相信他們之中會有人迫使我們接受一項協議、一個目標，或是我們反對的意見。他們是優秀的團隊成員，大多時候團隊利益總是比個人優先。

顯然，即使是綠色性格者也有辦法讓你照他們的話做，只是方法看起來非常不同。綠色性格者從不直接說出他們想要什麼，而是利用暗示，把他們期望的目標化為種子種在你心裡，並希望你能了解。由於綠色性格者完全不走抗爭路線，他們利用的技巧是訴諸你的情緒。

想像一個要什麼有什麼的十歲小孩。不光有漂亮的衣服、滿桌的食物，而且每次都可以吃到最喜歡吃的東西。他喜歡待在屋裡玩電腦遊戲、看電視或看書。每當到了暑假，你想要限制他玩電腦遊戲或看電視時，親子間就會爆發衝突。你要孩子偶爾出去走一走，他則以一臉世界末日的樣子表達抗議。一如往常，他並沒有直接對抗父母，但是他痛苦的表情，讓人覺得他遭到極不公平的對待。他垂頭喪氣，幾乎不太回你的話，食不下嚥。他這樣做，是為了讓你對自己可怕的態度感到內疚。這就是心理學家所謂的「被動式攻擊」（passive aggressive）。而且，他會設法說服你買更多的電腦設備、更多的電腦遊戲，讓他自己看起來像個受害者。

如果你是一位家長，有時候你的確會感到內疚而屈服，因為你不想看到你的孩子難過。

現在把這種情況轉換成到成年人身上。綠色銷售員所過的日子，看起來總是比臉上滿是笑容、富有個人魅力的黃色性格者，以及握手有力的紅色性格者來得辛苦。綠色性格者缺乏這兩種人天生就有的衝勁或精力，所以他們會訴諸於你的情緒。

綠色銷售員的手法——用「顧及其他使用者需求」來說服你

綠色汽車推銷員戈蘭希望我買一輛新的休旅車。這種車相當昂貴，還有很多額外配件。我告訴他我不想要休旅車，而想要轎車。戈蘭的第一個動作是搖頭，表示我大錯特錯。難道你不考慮家族旅行嗎？難道你不了解每個人都要攜帶個人物品嗎？像是孩子們的自行車（孩子，永遠都是孩子；如果你想讓某人良心有愧，就利用孩子來要脅對方）、妻子的額外行李箱（在旅途中萬一必須精心打扮時可以派上用場）。沒有養狗嗎？那你應該去找一隻。孩子們喜歡狗。

後來他還討論到我的興趣。打過高爾夫嗎？玩過風浪板嗎？自行車運動呢？答案是否定的。空閒時會做什麼？我回答他寫作，而且告訴他電腦幾乎不會占車子太多的空間。

戈蘭暗示，我是一流的利己主義者，很顯然只想到自己。我解釋說，我最近離婚了，孩子也都長大了。他試圖運用他認為合乎邏輯的論據來說服我，但我認為這樣的說法使我們回到了上述那個十歲孩子的邏輯：「別人都有那個模型，所以我也要！」

這些論點對我完全不管用，因為我從不會看到別人買某樣東西就跟著買，除非這樣東西很特別，那我至少會試試。我可能有些惱火地向他解釋了這一點，因為他並沒有分析「我的需求」。

後來他其實有點洩氣，含糊地說抱歉。我只能假設這也是一種銷售策略，但實際上這方法也不能打動我。他應該是要提高我的自信心，並說我開雅致時髦的休旅車，比開同款轎車看起來帥多了。

如何應付綠色銷售員？——堅持自己的立場

你有多關心綠色性格者的感受？如果你能回答這個問題，那麼你已經知道解決問題的辦法。就像對待紅黃色性格的銷售員，你只要說「不，謝謝你，我沒興趣」就可以了。

綠色性格者在銷售上並不會感受到相同的壓力，他們不像紅色或黃色性格者那樣積極，行事上比較被動。他們反而希望你主動訂車，不用他們去爭取訂單。我曾經遇過一位綠色銷售員，聲稱他從未要求客戶下訂單，我問他為什麼，他回答說，因為如果被回絕會讓人很難堪。面對綠色銷售員其實你可以要求對方給你一點時間思考，然後直接離開現場，因為他們不會揮著訂單簿，在展示廳中一路追著你跑。除非你已經把錢放在桌上要求買車，否則他們通常不會強迫推銷。對綠色銷售員來說，有時候「遭到拒絕」的恐懼，比「同意成交」的渴望更強烈。

綠色性格者通常是透過無作為來試圖操縱或影響其他人。只要你堅持立場，拒絕配合，就可以了。

如何與你的綠色伴侶相處——用長期抗戰的心態說服對方

假設你的另一半是綠色性格者，情況可能會比跟黃色丈夫共處更糟一些。如果他們選擇忽略你說的話，肯定會堅持到底。但同樣地，我們並不想製造衝突，只是要和善而堅定地確定，對方不會把我們逼到避之猶恐不及的困境，而且要表明我們沒有被對方訴諸的巧妙手法所愚弄。

如果綠色伴侶不想和你一起去參加家庭聚餐，他自有方法讓你打退堂鼓。他不會直接告訴你他不想去，也不會表示他寧願待在家裡看足球比賽。相反地，他會說他覺得身體不太舒服。當你問他哪裡不舒服時，答案會相當模糊。肚子痛、頭痛，或者只是感覺有點怪怪的。

你丈夫已經決定不去聚會。不管他提出的理由是什麼，他都想聽到你主動說，那我們就待在家裡吧。但如果這次你真的很想參加家庭聚餐。有些表兄弟來了，你們已經有十年沒見，也許這會是罹患失智症的祖父最後一次的家庭聚會，這對你來說非常重要，而且你希望你丈夫和你一起去，這時你可以有三個選擇：

1. 照他的話做，留在家裡，獲得暫時的平靜，但你會後悔好幾個月。
2. 獨自去家庭聚餐，因為你丈夫會大聲抱怨，認為要他去聚會非常不公平。而且他要是去了，也會想早點回家。
3. 不管他的想法如何，你強行帶著他去。或許你可以一直爭辯到他讓步為止，而且我猜你已經知道要怎麼做。

但現在暫時先把這三個解決方案拋到一邊吧！如果你夠了解自己的丈夫，並能看出他是如何操縱你達到他的目的，那麼當你告訴他關於家庭聚會的事情時，你就會知道在聚會來臨時會發生什麼事。你現在就要為對方會有的反抗動作作好準備。即使你丈夫在你第一次提到這個晚餐時答應要參加，你也知道這其中有風險。而且，他「總是」在一開始答應，雖然聽起來比較像是「那應該不是什麼大問題」之類的答案，或是「那值得思考一下」，或者你可能只是得到一個「嗯嗯」的回答。

因此，在這之前你要逐步行事，你可以強化你丈夫一起參加晚餐的動力。例如提出去聚會的好處：你的兄弟將會參加，他和你丈夫一向相處融洽；你考慮到足球賽，所以你可以先設定好預錄時間。只要付出一點努力，他就會用正面的態度，毫無怨言地穿上最好的襯衫赴宴。

但是你也要跟他談論實際的問題。跟他說你已經看穿他的固執，即使你愛他，也不想被他以這種作法操縱。你想要參加家庭聚餐，並希望他和你一起去，並要他承諾不會在聚餐當天要任何把戲。你會不斷提醒他，直到家庭聚餐來臨為止。

或許你會說：我應該把一個成年人當作小孩子一樣對待嗎？

你可以肯定的是，你的綠色性格丈夫就像沉迷電腦遊戲和電視的十歲孩子一樣，會運用他知道有效的方法。這一樣是被動式攻擊，只不過它是成人版。直到你主動表示你不會受他的態度影響，他才會改變自己的態度。你需要誘導他就這個問題進行溝通，而不是讓他固執地繼續坐在沙發上喝啤酒、看足球。

其實，這完全取決於你。

藍色性格者影響你的方法

我們都曾與銷售員打過交道。就統計來說，銷售團隊中最常見的顏色是黃色，其中有許多是敏銳的銷售員。但是我遇到一些真正的王牌銷售員，這些人卻擁有相當多的藍色成分。我認為這有兩個原因。一方面，藍色性格者的工作方式非常有條理，另一方面，他們講求事實。

你得承認，你可能不會對藍色銷售員的個人魅力和熱情感到印象深刻（像往常一樣，這也有例外），但是你會對他們的工作方式印象深刻。

藍色銷售員的手法——亦步亦趨，不輕易放手

莎拉賣廚具已經有很多年的經驗了。她以注意細節和冷靜著稱。當你和你丈夫參觀展銷廳時，她會記下與你有關的所有細節，包括你怎麼穿搭衣服，你的結婚戒指價格落在什麼範圍。莎拉與黃色銷售員不同，她不會提出很多意見，不會說自己喜歡香奈兒。但是當她看到香奈兒時，會指認出來，然後記錄在她儲存大量資料的腦袋裡。

當你坐下來，莎拉會開始提問題。她會針對你問，也會針對你丈夫問。你今天要在這裡買廚具嗎？什麼類型的廚具？有任何喜歡的材料嗎？有沒有基本的要求？現在你最滿意廚房中的那個部份？這份清單會很長，你可能還會覺得莎拉有點囉唆，但這是莎拉針對你的需求所進行的分析。她總是這樣工作，在展銷廳外，她的BMW汽車（那輛車是她以一次付清的方式購買的）證明她知道自己在做什麼。

直到她知道你是哪種類型的顧客、你的預算是多少、何時需要完工，她會帶你到展示賣場選擇款式。你可能不會因為她就事論事的冷靜態度而受到激勵，但你會得到你所有問題的答案，因為她很熟悉她賣的東西。她不太需要查找資料，就可以不假思索地說出展場裡大多數鍋子款式的細節。

你並不會在第一次參觀時就訂購新廚具，因為這是一筆相當大的花費。你會想把平面圖帶回家和家人討論。莎拉知道這一點。因此，她不會馬上爭取交易，相反地，她會記下你的手機號碼和電子郵件位址，為你整理出多種設計組合資料並寄給你。

莎拉打算在第二天打電話給你，詢問你對廚房設計的看法。如果你說你想再多思考一下，她會再隔一天才打電話給你。事實上，她會在你參觀展場之後一直與你保持聯繫，直到你最後對產品組合說「好」或是說「不用了，謝謝」為止。藍色銷售員最重要的強項是他們堅持不放手。

當然，這不是操縱，而是一種非常有效的推銷方式。但你應該知道，這有點像在對付獾。獾會咬人，而且不會鬆口，要甩掉牠可不容易。

如何應付藍色推銷員？——直接了當地拒絕

這其實不是什麼值得大驚小怪的事。藍色銷售員並不具備紅色銷售員所具有的挑戰態度，也不像黃色銷售員連珠炮似地說話，而且不會像綠色銷售員一樣訴諸你的良心。如前所述，藍色銷售員非常理性。他們詳細檢視問題癥結，並試圖解決問題，就如同銷售廚具的莎拉一樣。那麼你該如何拒絕？如果重點在於你不喜歡莎拉，或者你覺得太貴了，或者你對設計不滿意，又或者你從另一家供應商那裡得到更划算的交易，那就直接跟她說。

你可以說：「我不想要這種廚房。感謝你撥出寶貴的時間為我介紹，如果我改變主意，會盡快回覆你。」

很簡單，不是嗎？藍色銷售員就像紅色性格者，會對失去交易感到失望，但不會傷心或生氣。她知道這是業務的一部分。大多數銷售提案結果都是「不用了，謝謝」。

藍色銷售員整體上會遵循規則手冊。如果你說你不需要對方再次聯繫，那他們可能不會聯繫你。但如果銷售員說他們會在下週打電話給你，而你說好，那你會在下週接到他們的電話。這是他們的作業方式。如果你發現很難拒絕對方，那就盡快拒絕，以節省大家的時間。

如何與你的藍色伴侶相處——用談判達成共識

回頭談談親密關係。假設你的妻子是藍色性格，她提出一個你不認同的想法。她想辭掉工作，重返校園讀書（藍色性格者往往很愛看書，喜歡吸收大量知識）。她計畫周詳，而且已經擬定她需要修多少學分、以及需要多久才能修完學分；她確切知道，畢業後她可以找到哪種工作。甚至她也擬好財務計畫，因為在未來兩年內，你們的共同收入會大幅縮水。

這是一個棘手的情況。單純從知性的觀點來看，你明白你的妻子是正確的：如果她去深造，她可以得到一份比起現職更能讓她滿意的工作。她的薪水也會高出二五％。這是假設她兩年後找得到新工作的情況下，但這也表示在那之前你會很辛苦。你可能真的擔心你的財務狀況，若按照計畫，你或許不得不向朋友借錢。事實上，你感覺妻子的計畫並不好。

當然，還有其他比較不理性的理由，讓你不想支持你妻子的發展。也許你想成為這個家唯一擁有大學學歷的人。也許你不想承擔更多的家務，你甚至可能插嘴說，孩子們不會喜歡看到媽媽晚上外出。也許這些晚上的課程可能限制你去體育館觀看球賽。也許你只是一個混蛋。在我看來，這些動機都不是特別高尚，但是讓我們假設，你有充分的理由來阻止這整件事。

你的藍色妻子行事理性且符合邏輯，她根本不是想操縱你，這絕非藍色行為，但她很明顯地想影響你同意她的決定。她的邏輯和她的盤算是無懈可擊的。

所以，你的反擊武器會是強烈的情緒。不管是大發雷霆，或是眼淚攻勢，盡可能不理性地行事就對了。這可能會讓她感到有點慌亂。藍色性格者比大多數人考慮更多。她會分析你，看看你是否只是在演戲，或者你的關切是否真實，如果她認為是，那麼她會傾聽並提出解決方案。

然而，更好的方法是談判。如果你贊同她的計畫，她可以為了你作那些調整？如果她每週離家這麼多小時，你會得到什麼回報？我絕對不是說要從你的觀點來看，這是光明正大的遊戲規則，但如果你不想要支持這件事，你就不需要做任何事。還有，一旦未來你們擁有更高的共同收入，這筆錢可以用來做什麼？你不是一直想去巴哈馬旅遊嗎？她可以考慮一下，用進行一趟昂貴家族旅行來慶祝她的新工作？還是可以把錢存起來，當作孩子長大後的教育經費？

藍色性格者的優點是，這些人通常記得你同意的事情。他們的大腦在大多數情況下極有條理，他們知道什麼是重要的。如果你談判成功，讓你妻子延後一年辭職和讀書，她一年後會再抱著同樣的願望捲土重來。到時你最好有更好的理由，或者但願你已經改變主意。

第七章

紅色的無心指責v.s.病態的刻意傷人

「病態人格者會把他們瘋狂的想法表現出來，而其他人只是把這些念頭放在心裡。」

——美國作家　馬丁・魯賓（Marty Rubin）

我們已經看過影響、操縱或一般的銷售手法會如何影響我們。到目前為止，我主要談論的影響，是沒有任何隱藏目的、沒有任何惡意的外在動機。談到目的，下列有三種不同的類型，我們來進一步加以檢視。

1. 大家都同意的公開目的

在你驚嘆汽車銷售員肯定有他自己的目的，也就是「他想賣一輛車給我」之前，我想提醒你，我們已經知道，銷售員或房地產經紀人的存在，是為了賣東西或是談生意。就像我之前說的，這是「完全公開」的事情，沒有人會對外隱瞞他們的角色。但如果房地產經紀人是說，她想為你的家人找到最好的公寓，卻尚未詢問你購屋的條件，直接建議她剛被委託代售的公寓，或自己的私人公寓的話，那我們就可以質疑她的中立立場。

近年來，在瑞典的房地產市場，至少在較大的城市裡，人們確實可以開始思考房地產經理人是在為誰工作：是買方，還是賣方？但是我們不能質疑他的目的，那就是要進行房屋和公寓交易。

2. 大家實際上都同意的隱藏目的

銀行處理事情的方式更糟糕。他們不會誠實說明自己做了什麼。由於我曾在銀行工作了十四年，冒昧地在這個問題上表達自己的意見。

銀行業務員實際上從未被稱為業務員，而是被稱為顧問，或是個人金融理財專員／主管／投資策略師／經紀人之類的。然而，原則上他們實際做的事情就是賣東西。我們每次都落入他們的陷阱，因為他們只推自己的產品。這種作法多年來一直受到詬病，批評的理由很充分，但似乎沒有什麼對策能夠改變這個制度。在大多數情況中，銀行主管對此根本沒有發言權，所以消費者若是走進銀行並大聲抗議，是毫無意義的，那真的會把怒氣發洩在錯誤的人身上。要注意的是，他們都只是業務員，而不是顧問。

3. 大家沒有意識到實際存在的隱藏目的

當我們談論那些懷著隱藏目的的人時，這種隱藏目的跟他們表示自己懷抱的目標完全不同，這裡談的是心懷惡意的心理操縱。你、我和我們見到的大多數人會發現，很難想像世上會有人做出我們做不到的事情。當然，我們並不天真，我們知道所有關於希特勒、史達林、伊迪・阿敏和許多心理變態獨裁者的事情，我們知道誰是最駭人的連續殺人犯，也會讀到關於他們的事。我們經常想像他們的日常行為和他們的性格一樣可怕，可惜事實遠非如此。這些最可怕的怪物學會了像你我一樣正常行事，其中有些人甚至看起來非常正常，正常到幾乎使我們看起來反而不正常。這就是挑戰所在。

我們現在要看的是那些在DISA性格學中無法被歸類的人。他們是沒有顏色的人，或是有每一種顏色的人，又或是有第五種顏色的人。他們是以邪惡方式操縱你和我的「病態人格者」。

高處不勝寒，老闆是孤獨的

「這個人是有病態人格的紅色性格者！」說實話，這是我在各個企業組織講課時常聽到的評論。由於不折不扣的紅色行為非常罕見（只有〇・五%的人是純紅色），令相當多的人不理解他們。他們這會兒跟你爭論，下一秒又邀請你吃午飯，這行為似乎很怪異，不是嗎？

常有人走到我跟前，小心翼翼地左看右看，確定沒有旁人之後說，他們真的懷疑自己的老闆會是病態人格者。對方描述他們的老闆是：愛生氣、具攻擊性、常常走路撞到人、不聽人講話、提出不合理的要求、要求部屬全心投入工作、從不稱讚人。

當然，從一些可靠的研究中確實顯示，你在一個組織裡爬得越高，遇到的病態人格者可能會愈多。同理也適用於紅色性格者。

想想看。高處不勝寒，爬得愈高，情況會愈艱難，競爭更激烈，生活也更辛苦。由於紅色性格者比其他顏色性格者更懂得應付別人的侮辱，他們強勢強求，因而最後往往位居要津。正如俗話所說的，人在高位無知己。

病態人格者與紅色性格者的共同之處是，他們可以忍受這類艱難的情況。病態人格者能忍受，是因為他們不關心他人；紅色性格者能忍受，是因為他們是任務和問題導向，不會特別受到衝突的干擾，他們很務實，清楚了解不是每個人都會欣賞他們。當然，紅色性格者希望受到大家喜愛，但他們明白那會是奢求，所以只好選擇在現實中奮力前進。

病態人格主管和紅色主管有何不同？

紅色主管在組織內會像蒸汽壓路機一樣，以強勢手段壓制人。他會得罪很多人，為達到活動、獲利、效率或任何可能的目標，而做出一些特別不受歡迎的決定。

但他們始終如一。他們總是比一般人更強硬，也會親自上陣賣力工作，這是一個重要的線索。他們可能是最早上班和最晚下班的人，這絕不是病態人格者會做的事。

病態人格者和紅色性格者的職業道德是截然不同的，任何跟工作相關的事情，他們都非常樂於開溜。

此外，紅色主管根本不會浪費任何時間對員工施展魅力。這是一個非常重要的線索。整體而言，紅色性格者是關係導向，他們可以忍受別人因為他們老是提出不合理的要求，而討厭他們。他們也會關心別人，但工作和任務會是優先考量：先認真努力工作，再吃晚餐慶祝。在開始悠閒享用午餐、度過愉快時光之前，需先確保結果已經勝利在望。

他們很少休息，你不會發現他們坐在一起喝咖啡聊天。他們知道，人們喜歡喝咖啡休息，但閒聊對他們沒有任何用處，便直接跳過那些時段。因此你很少在咖啡機附近看到他們。

病態人格者恰恰相反，他們參與社交活動，因為這些活動提供了了解不同人缺點的燃料，一旦病態人格者有機會，就可以利用這些知識來對付群體中的人。無論如何，他們會一開始就吸引每一位他們遇見的人，而這並不是紅色性格者的特質。

是無心的指責，或是刻意傷人？

然而，紅色行為和病態人格之間確實有相似之處。他們對別人的感受都顯得特別不敏感，因為他們會不假思索為了一些愚蠢的小事而對你大聲斥責。在公共場合批評員工，是紅色和病態人格主管往往會做的事情。

就紅色性格者的狀況來說，受害者很可能感覺受到批評，但其實紅色主管只是單純說了一下他的想法。這個性格當然非常令人不快，但是與病態人格者之間有一個根本差異。紅色性格者意識到，他們有時候會因為個人的支配行為而惹惱別人，即使這並非他們的本意，但他們接受這種結果，因為他們想要繼續前進。通常等到有人對此事耿耿於懷，他們才了解情況。但他們對這一點可能只是聳聳肩，因為他們不是故意冒犯別人。如果有人這麼敏感，那是對方的問題！

病態人格者則經常斥責別人，因為他們發現，看到別人難過會令他們感到愉快。這給了他們額外的精力，甚至促使他們嘲笑別人的不幸。病態人格者幾乎可以想出任何理由肆無忌憚地批評，這取決於他們當時感覺如何，目的就是要搞破壞。

病態人格者的意圖是要破壞和摧毀某些似乎很容易受這種作法影響的人，他們喜歡看人們會怎麼慢慢崩潰。

判斷何時能說實話

你能看到差異嗎？我們需要做的事情就是「解讀」某個行動背後的目的。如果我們明白它背後的想法，就可能會對那些粗野的紅色老闆更有耐心，並且在有利的情況下，敢於提出自己的看法，例如告訴老闆公開指責別人並不適當。

但是對於那些有病態人格特徵的人，我們應該要高度警覺。因為無論你說什麼，他們都不會改變主意。相反地，如果病態人格的主管知道你因此生氣，他們會在行為上變本加厲。所以如果你誤認為你的主管是紅色性格者，可能會接受實話實說和明確的反饋意見，因而告訴對方他們的行為讓你感覺有多糟糕時，問題就大條了。這樣的行為就等於給了他們一個有效對付你的武器。從現在開始，他們將會更容易指責你。

做事的紅色人 v.s. 邀功的病態人格

無論是主管還是員工，紅色性格者通常都很努力。除非他們完全失去對公司或組織的信任，或者寧願投入他們覺得更值得的事情，否則他們確實會努力工作，也許還是最努力的。紅色性格者也多半事必躬親，因為他們認為能把事做得最好的人只有他們。說到委派任務，他們之中很多人完全不抱希望，因為他們不太信任同事，因此導致工作時間拉長。

另一方面，病態人格者完全不想親自動手完成大部分的工作。他們偏好開小差，把事情都交給別人做，如果事情不如他們所願，他們就會大聲抱怨。而且他們午餐時間休息很久，經常遲到早退，當他們終於意識到某項任務的最後期限只剩兩天時，會突然丟給員工一大堆工作。因為病態人格者考慮後果的能力非常有限，他們經常等到最後一刻才行動。接下來，他們要求每個人日以繼夜地工作，直到工作完成為止。隨後向高層主管呈報結果時，病態人格主管每件事情都會居功。他們會不假思索說拜他們之賜，一切事情結果圓滿；當員工佯裝工作，其實一直在偷懶時，他們不得不介入並且扭轉情勢。但是事實卻完全相反。

給紅色性格者的建議

如果你是紅色性格者，不管你是主管還是其他身分的人，你應該意識到，要是你的行為過於狡猾，人們會對你投以奇怪的目光。請提醒自己，大多數人並非真正了解你的思維方式。清楚說明你的目的，以避免別人在你背後說你是病態人格者，這可能是個好主意。

第八章

黃色的誇大事實v.s.病態的漫天大謊

「指控別人犯罪時，你也犯下了一樣的罪行。」

——納粹德國宣傳部部長　約瑟夫．戈培爾（Joseph Goebbels）

冒著會有許多憤怒的黃色性格者對我窮追猛打的風險，我直截了當地說：「黃色行為和病態人格特質之間有明顯的相似之處。」

根據心理學權威海爾的檢核表，油嘴滑舌、膚淺的魅力和口才便給是病態人格的典型特徵，這些特徵可說是許多黃色性格者所共有。此外，黃色往往被視為喜歡操縱，而且經常炫耀自己的重要性。再者，當事情發生問題時，黃色性格者往往會責怪別人，這些正是病態人格者所做的事。

我知道這樣說人不太好，但何不從冷靜的角度來看待事情？黃色性格者有負面的部分，而且在某些例子中，他們周遭的人會對這些特徵作出強烈反應。黃色性格者往往沒有注意到這點，因為他們不太注意周遭的人。他們不停講話，用光了房間裡的所有氧氣，卻沒有意識到很多人都覺得他們的行為令人反感。

黃色性格者經常會誇大個人的事蹟。我在前一本著作《身邊都是大白痴》中談到一位老朋友詹恩，喜歡為自己的經歷加油添醋。他會這樣做，有一部分是要讓故事更具娛樂性，有一部分是要以更有吸引力的方式來自誇。有一次，他講述了他的瀕死體驗，說他和他妻子在狂風暴雨中乘船到西班牙海岸附近的一個小島上。因為我已經聽過他妻子說他們沒有乘船，而是搭飛機，所以我知道這個故事是捏造的。這故事的確很有趣，但內容並非事實。當我和他對質時，他惱羞成怒，完全不說話。

這是否使詹恩成為病態人格者？不，遠非如此。他只是喜歡娛樂他人，並且熱中於讓人發笑或是感動。當然，他喜歡成為關注的焦點。「成為眾所矚目的焦點」可能是詹恩的座右銘，然而卻因此激怒了很多人。但基本上，他完全不會傷人。

他並非總是這樣做，這是一個重要的線索。但是當他的精神狀態良好時，你就得需要過濾他所說的每一句話。

究竟是有趣的故事，還是騙人的謊言？

將黃色行為與病態人格作比較，是一個有趣的觀察。我們可以從兩個地方來辨別：意圖和頻率。

「意圖」是指某個特定行為的目的是什麼。為什麼詹恩要誇大他的故事？這舉動背後的原因是什麼？是因為他想讓我們認為他比實際上更勇敢？這樣我們應該就會對他印象深刻？

不。他採取別人稱為「說謊」的行動，主要原因更簡單：他希望我們更喜歡他。而且他想博君一笑。請記住，黃色性格者把大家都當作他們的觀眾。詹恩說得那段船隻在遠離陸地之處差點翻覆的故事確實很精彩。當他描述現場情況的時候，我們一會兒笑，一會兒又差點流下淚來，沒錯，這是很精彩的故事。除了一項令人討厭的事實：那不是真的。

病態人格者對謊言有完全不同的態度。他們說謊，是因為他們喜歡說謊。他們這樣做，是要測試自己可以做到什麼地步。他們相當驚訝別人居然會相信他們，這可逗樂他們了。如果我要揭發他們，質問他們說謊的事，他們會立刻攻擊我，指著我說我才是騙子，我才是那個不知道自己在說什麼的人。

我聽過在一群人面前撒謊不眨眼的病態人格者說謊。當包括病態人格者在內的所有人都覺得這話講得太過誇張時，病態人格者還沒有要停下來的意思。他仍繼續大吹大擂，直到把所有在場的人都給弄糊塗，最後沒有人知道那些話才是真的。說實話，要是情況沒有那麼令人不快，那會是很引人入勝的事。

惱羞成怒的黃色人v.s.說謊面不改色的病態人格

病態人格者的問題是，你看不出他們什麼時候說謊。黃色性格者在被揭發時會變得緊張和情緒化，他們會提高音調，可能還會口吃，陷入混亂，而病態人格者則仍然無動於衷，只會繼續增加矛盾的言論，直到我們完全被搞糊塗為止，而且他們的心跳並沒有加快，也不會表現出任何典型的說謊跡象，例如摸臉或脖子。他們只是站在那裡，看起來好像他們是地表上最可信的人。

他們怎麼會這麼泰然自若？為什麼不會緊張？因為他們什麼都感覺不到。他們不覺得說謊有什麼不對，對被欺騙的人毫無同情心。

這兩種人也都想成為被關注的焦點。黃色性格者喜歡出風頭。他們喜歡站在聚光燈下，要讓他們離開舞台可能很難。而病態人格者則有一種誇大的自我認知，他們認為從進化的意義來看，自己出類拔萃。他們把自己擺在正中間，是為了推開所有其他人，並成為唯一無所不知的人。

黃色性格者在心情極好時可能會被認為非常友善和迷人，但是在比較不順遂的時刻，可能會非常暴躁和惱怒。例如，在感受到壓力時，黃色性格者可能讓周遭的人覺得相當討厭，毫不討喜。他們可能會高聲談話，抱怨和奚落你，並對自己的錯隻字未提。

那麼，病態人格者如何在壓力下行事？說來很有趣。病態人格者似乎沒有經歷過其他人會經歷的壓力，原因在於，「壓力」與「擔心」無法成功是相關聯的，而病態人格者沒有這種擔憂。如果你太擔心別人會怎麼想，也會導致壓力，但這同樣也不是會令病態人格者困擾的憂慮。從一開始，他們就認為自己可以掌控任何事情，這意味著他們有著冷靜的頭腦，要是一般人早就崩潰了。在戰場上，病態人格者是最願意冒最大的風險，因為他們喜歡從危險中得到刺激。

想想通常會讓你感到緊張的事情。你可能整整一星期努力工作，將一百項任務當中的九十七項完成。到了星期五晚上，你終於可以下班了。好忙的一星期！天啊，壓力真大！但是這個壓力，並不是來自你已經完成的九十七項任務，而是你沒有時間做的那三項任務。這是最常見的反應；造成壓力的，不是你已經做了什麼事，而是你還沒做的那些事情。因為你仍然得把那些事做完。

但病態人格者不會像那樣行事。他們不在乎還有什麼要做。那絲毫不會困擾他們，如果有問題出現，他們總是可以怪罪別人。

病態人格者總是知道自己在做什麼。當黃色性格者出現明顯的壓力症狀，可能對別人發脾氣，因為他們不會裝作沒事。反觀他們的病態人格同事仍然保持正向，不受影響，繼續利用個人魅力在辦公室中無往不利，而其他人則是被工作量壓得透不過氣來。對病態人格者來說，應該做哪些事情，實際上更清楚了，而且他們有更好的機會順利找人完成這項差事。這往往意味著，在管理階層眼中，他們看起來專業得多。儘管面對欠缺人性的壓力，病態人格者仍然屹立，並且面帶微笑。

管理階層看著病態人格者，心想：「他還真有魄力！也許這正是我們應該納入管理團隊的人！」

當謊言被拆穿之後……

謊言頻率也很明顯。黃色性格者偶爾會誇大其詞（也許是說謊），而病態人格者則始終都在說謊，什麼事都可以說謊，即使完全沒有理由，他們仍會說謊。

黃色性格者在遭到質問時會感覺很差。他們把批評看成是人身攻擊，而且立刻就會感到非常不舒服。病態人格者則一點都不在乎，只會扯更多謊。如果有人真的可以提出具體批評（大家都知道是正確的批評），病態人格者對這點也有一套計畫。不管批評和質問的程度如何，病態人格者都會視而不見。他們可能會假裝因此受到冒犯和打擊，但這只是做做樣子。批評絲毫不影響他們。

給黃色性格者的建議

如果你自己主要是黃色性格，你應該意識到，你有時會被認為非常煩人，即使這不是你的本意。我知道你的立意良好，問題是，並非每個人都能了解這其中的差異。

你的誇大，以及你明顯不受壞消息影響的阿Q個性，導致你身邊的人都不知道你的情況如何。你永無止境的喋喋不休，真的會讓你遇到的大部分紅色性格者和很多藍色性格者心煩。其他黃色性格者可能不會被激怒，因為他們和你一樣是糟糕的聽眾。

第九章
綠色的逃避責任v.s.病態的故意擺爛

「說病態人格者絕不會改變是不正確的，他們會更換面具，也會改變目標。」
——佚名

綠色性格者會因為做了什麼而被視為病態人格者？難道我瘋了嗎？怎麼會有這種想法？先讓我詳盡闡述一下。

前陣子，我和一小群經理人碰面，他們聽說在與員工溝通時，DISA性格學可以成為參考的指標。他們決定邀請我參與討論，因此我和二十五位經理人一起釐清這些概念。

當談到「缺點」這個主題時，我通常會安排一項練習，讓具有相反特質的人描述彼此的缺點。也就是讓紅色性格者描述綠色性格者；黃色性格者描述藍色性格者，反之亦然。大部分（雖然不是全部）經理人的個性具備紅色特徵，這是人們意料之中的，但卻造成一些意想不到的後果。

當描述綠色行為時，出現了「不願意改變」和「頑固」等特徵，但甚至連「害怕衝突」和「不誠實」也出現在清單上。這很有趣。我們都知道綠色性格者不喜歡衝突，就連紅色性格者也注意到這一點。

我和小組討論了一下這個問題的原因以及它造成的後果。紅色性格者的觀點是，如果你真的害怕衝突，就應該盡一切努力避免衝突。但是綠色性格者的方式就是家醜不可外揚，從長遠來看，只會使衝突加劇。如果不處理，衝突會逐漸擴大，最終可能會在綠色性格者的面前爆發。

綠色性格者往往只會眼前不見為淨，這是他們為了躲避衝突而做的事。但是病態人格者則是明知山有虎，偏向虎山行，經常會知其不可而為之。反觀綠色性格者，總是盡可能把問題拖到最後一刻，拖到不得不面對時才解決，因此有人說：「他們可真行，明知遲早要面對卻不願改變作法，實在令人佩服。」嗯……我不得不承認，我從沒思考過這個綠色行為。然而，當另一個經理人提出「綠色性格者不誠實」的問題時，討論又愈演愈烈了。

其中一位經理人舉例說，曾經問過一位綠色同事：「你會參加辦公室派對嗎？」對方回答：「會。」之後他又跟綠色同事確認過幾次，每次對方也都給他肯定的答案。結果，派對當天綠色同事根本沒出現，事實證明，從頭到尾他嘴巴上說「會」，但其實根本就是「不會」。

在我還沒做出回應之前，另一位紅色經理人已經大聲說：「他當著你的面說謊！」

不想參加，卻不明說

許多綠色性格者具備的謙虛友善態度，所以應該不會有什麼大問題。正如我先前所說：有些人是病態人格者，有些人是具有病態人格特徵的人，要如何分辨其中差異，其中一項特徵就是「操縱」。

黃色性格者會公開「操縱」我們，像他們會說：「你穿的這件套頭衫真漂亮！哦，對了，你能幫我做這份報告嗎？」綠色性格者則以完全不同的行為來表現。據我所知，這種行為很少被稱為操縱，儘管如此，綠色性格者仍然經常操縱相當多的人。沒有人（不論是我們或他們自己）會意識到，那正是他們現在在做的事情。

想像以下情況：一群老同學策畫一趟旅行，並打算在旅程中重拾往日友誼。也許這是一群老同學，他們想要再次聚會，因為第一次聚會時玩得很開心。大家全都興致勃勃，談論這趟旅程已經好幾個月。團體中有個綠色性格者說會持續追蹤旅行的事，但並未積極參與規畫，不僅對目的地沒有顯露任何興趣，也很少回應電子郵件或電話。若直接問他，他總是說此行會很棒，反應僅此而已。

當旅行日期愈來愈接近時，需要確認行程是否一切都安排妥當，便將各項任務分派給不同的人，這位綠色性格者接到的任務是，再次確認之前訂好的二十三間飯店房間是否成功，並留意他們住的房間是否都在鄰近區域，最好是在同一條走廊上。這樣也方便大家聚集在一起。

旅行當天，大家滿懷期待地到機場集合，其中很多人住在外地，有些人甚至花了二十四小時才到達。有人很快發現綠色性格者並沒有現身。這個一直低調神祕，但說過會共襄盛舉的人，還沒來機場跟大家會合。隨著登機時間愈接近，大家開始擔心。

除了他不來很可惜之外，他還握有飯店的住宿的最終確認訊息。

當某個成員終於透過手機聯絡到他時，綠色性格者說因為身體很不舒服，因此沒辦法參加。當被問及飯店的訂房情況時，他含糊地回答說還沒有得到飯店明確的答覆。

大家一團混亂。現在這趟旅程很可能會泡湯，因為他們不知道今晚要住在哪裡。綠色性格者的無作為，對從一開始就信任他的人造成非常大的影響。他藉著拖延和擺爛，而讓團體陷入困境，大家完全仰賴他確認飯店預訂情況，卻反而因綠色性格者的口是心非給擺了一道。

也許綠色性格者確實有惡毒的意圖或有隱藏目的；也許他想報復大家過去自己所遭受到的真實或想像中的不公待遇；也許他以前在班上被霸凌，現在終於有一點權力；也許他根本不想參加任何旅行。或者他只是一個不願意採取行動的綠色性格者，不習慣擔負責任，只想逃避現實。

在這個例子中，情況就是這樣：他就是一個不想為任何事負任何責任的人。問題在於，他太害怕衝突，以至於從不敢向熱情的老同學們表示「我不參加，謝謝」。所以他便順勢，裝得好像他真的要參加的樣子，因而讓整個團隊無法成行。這是實際的操縱，儘管看起來很怪異。被動式攻擊很顯然可能會產生這種效果，即使你可能不是那樣看待他們。

鴕鳥心態的綠色人v.s.全推給別人做的病態人格

綠色性格者不同於病態人格者的地方是，他並不完全知道自己在做什麼。你可能會說：「上述例子中的綠色性格者絕對知道自己在做什麼，他完全清楚一項事實，就是他的行為會對很多人造成重大影響。」是的，他「可能」知道，但是他的防禦機制讓他選擇對結果視而不見。他無法思考自己行為的後果。如果綠色性格者確實有考慮到撒手不管的後果，那麼，讓整群人在沒有棲身處的情況下到西班牙旅行，的確是非常惡毒的行為。不是嗎？

請注意，病態人格者完全知道自己在做什麼。談到讓整群人陷入真正的困境，病態人格者可能比綠色性格者更積極主動。差異在於，綠色性格者會因為自己的行為而感到難過，但是病態人格者並不在乎別人的假期毀掉：反而會認為這根本是他們自己的錯，因為他們太愚蠢了，他們之中很多人都很蠢。

那就是綠色行為的運作方式。他們讓別人代為處理他們的工作，一味閃避。最後，總是有某個人出面解決綠色性格者根本懶得處理的事情。

給綠色性格者的建議

綠色性格者從來沒有想過要操縱別人嗎？事實上，他們透過被動行為，確實讓其他人陷入各種愉快或不愉快的情況。躲避責任是一種病態人格特徵。而且我知道你不希望被人這樣看待。所以思考一下你是否可以改變這一點。

如果你不再逃避責任，大家將會更加感謝你。

至於對其他人，你要確保你可以掌握線索，知道誰是大說謊家。

第十章
藍色的沉默寡言 v.s. 病態的無情忽視

「我不是病態人格者，而是高功能反社會人格者（high-functioning sociopath），做你的調查去吧。」

——神探　福爾摩斯（Sherlock Holmes）

藍色性格者不會讓人不假思索地認定是病態人格者，我從未遇過這種情況。他們會是迂腐的官僚嗎？絕對不是；是對細節執著到令人厭煩的慢郎中嗎？也不是，他們是追求完美到誇張程度的品管師，要全部都按照SOP手冊完成才會讓產品通過檢驗，而且也會抱怨所有未遵守相同標準的人。

但他們是病態人格者嗎？不，這不是人們應該懷疑的第一件事。

當然，我們都看過有關連續殺人犯的電影。這種人從不說任何事情，把家裡每樣東西都依照完美的順序排列，根據受害者的姓氏將所有被挖出來的眼珠子按字母順序分類。但那是在電影裡，對吧？在現實生活中，這種行為會被視為嚴重的人格障礙，而不是藍色行為。

然而，有一些人格特質會讓人難以區分藍色性格者與病態人格者。想像一個完全沒有一絲綠色或黃色色彩的極端藍色性格者，他們對人際關係絲毫不感興趣，基本上認為與人相處是一種痛苦。他們偏好花時間在自己身上，認為社會上的人們都喋喋不休、太聒噪了。

如果我跟你不熟，為什麼要關心你？

藍色性格者如何行事？他們會以非常清楚和精明的方式行事。對人和社交不感興趣，只用三言兩語來回答問題。如果你請他們幫忙，他們會說不，因為你和你的需求引不了他們的興趣。很多人認為藍色性格者沒有什麼感情。他們不動聲色地看著你，試著觀察、判斷、分析你，但是不發一語。

實際上許多病態人格者也會這樣做。他們端詳別人，好像對方是被評價的對象。

你可能會因為他們不知道何時該垂下目光而感到困惑。一些研究人員提到，病態人格者可能會盯著你看「很久」，這是因為他們不知道正確的反應是什麼，這樣的行為事實上是一種症狀，就像在前言中提到的那個年輕人一樣。

沉默可能令周遭的人感到難受。正如先前所說的，藍色性格者覺得沒有必要浪費隻字片語，他們常常知道答案卻沉默不語，也沒有人會問他們有何看法。

病態人格者不關心其他人，而藍色性格者只關心少數人，也就是他們親近的人。顯然，如果你在藍色性格者的熟人圈之外，他們不會對你表現出很大的興趣。你可能會覺得他們很奇怪。他們也許不是連續殺人犯，但絕對是怪咖。

我記得有一個故事是，一名女人接受面試，主持面試的總經理是黃色性格者，他臉上常掛著微笑，大體上給人正向的感覺。現場除了總經理之外，還有財務部門主管，他幾乎沒有說話，眼睛動也不動，女人開始感到有些不舒服。面試後，她不知道情況到底如何。

這三個人，我全都見過，把這個沉默者納入團隊裡是很有趣的事。如果你問一個問題，他可以一句話都不說，盯著你看整整一分鐘。然後他會微微點頭。好，沒關係。這肯定會讓一些人感到毛骨悚然。

在世界某處的校園槍擊案或可怕的屠殺事件發生之後，你一定會聽到社會上總是會有什麼樣的說法。「他沉默寡言，和大家保持距離。這是你需要密切注意的沉默類型。」不過，從另一方面來想，如果你正在計畫一宗謀殺案，你肯定也不會告訴別人這件事吧。

懶得說謊的藍色人v.s.愛說謊的病態人格

病態人格者即使沒有理由說謊也老是說謊，相反地，藍色性格者根本不喜歡說謊，如果他們被問到一個直接的問題，他們會照實說，只不過答案可能讓人不愉快。他們對你的不悅反應不太感興趣，總之他們會毫無隱瞞地說。

病態人格者經常會魅惑別人，讓周遭的人保持好心情，這樣就沒有人明白他們正在逃避工作。藍色性格者行事無趣，不會特別吸引許多人，而且他們根本就不覺得有必要吸引任何人，因為他們自己也很難吸引人。軟性談話對他們來說毫無意義。

病態人格者有一個宏大的自我形象，他們把自己置於中心，並且把別人的構想歸功於自己。藍色性格者經常會指出自己的錯誤和缺點，因為事情沒有最好，只有更好，連他們自己都是如此。

當然，藍色性格者會試圖讓你改變己見，說服你承擔某個特定任務的責任等等，但會公開進行。他們可能會用冗長囉嗦的理論讓你感到無聊得要命。總而言之，我認為人們不太可能被純粹的藍色行為所欺騙。被激怒是可能的，但是被騙？可能性不高。

照著我說的去做就對了

在後面章節會提到一種名為「煤氣燈（gaslighting）效應」的操縱手法，是透過老是改變遊戲規則的方式把別人弄糊塗。但藍色性格者絕不會這樣做；相反地，不管發生什麼事情，他們都會堅持既定的計畫。由於大多數人都缺乏紀律、不耐煩，有時候當我們因為沒有看完所有的指示而想碰運氣抄近路時，藍色性格者會指出我們以前從未見過的方法問道：「你為什麼不這樣做呢？」

這可能有點令人迷惑，感覺好像他們一直在制定新規則。病態人格者的作法正是這樣。為了使你感到困惑和不確定，他們在先決條件中增加或刪除項目。這讓他們對你有控制權，到最後你無所適從。

藍色性格者也會對你有控制權，即使他們的行為似乎是反其道而行。因為你並非確實知道手冊的內容，而他們只是指出手冊中一直存在的規則，你便感覺自己好像永遠不能滿足他們，於是你可能會誤認為他們是病態人格者。

藍色行為不應該被誤認為是病態人格的原因是，藍色性格者會說到做到，言行一致，這正好與病態人格者的表現正好相反。你的藍色伴侶會百分之百廣泛研讀某個主題，反觀病態人格者只是讀一點皮毛，為的是能夠假裝對所有的領域非常了解。

給藍色性格者的建議

針對強烈藍色的人，為了避免被誤認為是病態人格者，你所能採取的上上策，就是對他人及其感情表現出更多的興趣。你知道，藍色性格者經常被認為很冷靜，很多人認為病態人格者也是如此。這當然是誤解，那為何不改一改呢？有時候你可以詢問人們的感受，並且對答案表示興趣。這樣做幾乎不費分文，只需要你一、兩分鐘的時間而已（對藍色性格者來說，他們會妥善管理時間，而且十分愛惜光陰）。

第三部

一切都在他的掌握中！

——心理病態者如何接管你的情感、社交與人生

第十一章

操縱紅色性格者的關鍵：先取得他完全的信任

「想操縱和利用你的人不會跟你說你的盲點，他們可能會繼續利用這些盲點對自己有利。」

——企業顧問與教練　艾瑟吉德・哈伯特沃（Assegid Habtewold）

想像一下，現在有個拳擊手要與拳王泰森對決，當拳擊手站到台上時，完全沒有意識到他沒辦法舉起左臂。他從來沒想過自己會有不能舉起胳膊的時候。接著，這名拳擊手對上剛剛發現這件事的泰森。我知道這例子聽起來不太可能發生，但這只是個例子。

正如前面提到的，人都有過失和缺點，高明的操縱者就是會瞄準這些缺點。就像泰森總是會找他認定的要害打擊你一樣，病態人格者會瞄準你最弱的地方。為什麼？

泰森也是基於相同的目的：他想要讓你跪下，這樣就能徹底擊倒你。

我們來看看每種顏色的性格是如何輕易落入陷阱，並藉由實例來說明，這樣你就能了解，為什麼我會再三談論自我意識的重要性。你最重要的任務就是要了解你自己。你必須知道你的手臂是如何運作的，而且對於兩隻手臂都要有所了解。

現在我們先從最難纏的紅色性格者開始談起。

把紅色的怒火導向對自己有利的方向

要說紅色性格者可以被病態人格者操縱，聽起來可能相當矛盾。紅色性格者畢竟是強勢和有權力的，不可能有人會不把他們當一回事。他們遇到不滿會立即報復，使自己立於不敗之地。剛強、嚴厲、有競爭心、喜歡鬥爭的人，怎麼可能會有人能操縱他們？

想操縱紅色性格者，最重要的核心是，你必須忍受很多的爭吵，因此害怕衝突的人根本做不到。總而言之，只有行為中有紅色的人，才能忍受沒完沒了的爭吵。

不過，紅色性格者不會老是跟周遭的人爭吵，但如果你要成功地讓紅色性格者違背本意同意某件事，就會出現衝突。如果沒有必要，他們也不會針對個人，或是病態人格者。

想想你自己。當某人、特別是你關心的人責罵你時，感覺會不太好。當你受到批評或是看到那張生氣的臉時，會感到不舒服，或許是肚子或胸部刺痛。

但如果是病態人格者會如何反應呢？他們毫無反應。病態人格者根本不在乎，也沒有什麼感覺。他們看到憤怒的表情，聽到憤怒的話語和挑釁的嘲諷，完全不會受到影響。他們只是想知道如何能夠利用對方的挑釁。有些例子顯示病態人格者如何設法讓紅色性格者把憤怒導向另一個方向，並藉此讓自己獲利。

借刀殺人，全身而退

傲慢、自大、具侵略性、冷酷待人、不願聆聽、行事倉促、愛命令人、愛掌控、不寬容和自我中心。

我們從任何一間學校中都可以找到非常簡單的例子。

A男孩身材矮小，但非常狡猾，他經常被B男孩毆打，於是去找該校的頭號麻煩人物C男孩，而C男孩以敏感和易怒聞名。A告訴C說，B一直講C的壞話，不出意料C立即大發雷霆，跑去把B揍一頓。A成功報復了B並且全身而退，他因為C而得到極大的好處。之後，他當然可以去找B，說很遺憾B被C毆打。

這也許是平凡無奇的例子，但同樣的方式可以應用在更大的範圍中。如果你認識一些業界領導人，其中一人是出了名的愛記仇，那麼你就有一個可供操縱的完美情況。如果你能指揮他的攻擊方式，好讓他能夠除掉你的頭號競爭對手，這個人就是你運用的一個很好的資源。不過，你得確保不會遭受池魚之殃。

然而，對病態人格者來說，最好的辦法就是利用紅色性格者的良心不安（是的，紅色性格者也有良心，即使你不這麼認為），大膽胡作非為。紅色性格者周遭往往是在走廊上保持低調的人，但是想想看，如果他們碰到都不是那種低調的人，而是高調作風的人，會發生什麼事？

我們來看以下的例子。

邁克和佩尼拉的案例

邁克在一家媒體集團任職，自從新任執行長佩妮拉，也就是他主管的主管進來後，公司的運作開始變得很快，而自己根本不必親自做任何工作。他喜歡拿高薪不做事，更愛看別人做事；他喜歡參加重要會議，在會議中他可以膨脹自己，並且跟每個人說，他是公司的一大資產。邁克的幾個同事很快就看出，他常把別人的工作成果歸功於自己，但事情出包時，他總是溜之大吉。

然而，這位新任執行長還沒看透他。邁克已經觀察佩妮拉一陣子，注意到她非常喜歡掌握全局，動不動就大發雷霆，不怕當眾罵人。她會打斷會議，直接中途加入主導，無視主會者。她要求每個人在很短的時間內提供資訊。公司賦予她整頓組織以及創造穩定性和盈利的任務。一年內，佩妮拉面不改色地解僱三分之一的員工，並帶進她自己找來的人馬。她牢牢地掌控每一件小事。

事情發展至今，邁克還是沒採取任何行動。相反地，他依舊吃昂貴的午餐報公帳，跑去和重要的客戶開會後，把會議的結果交給其他人處理。

在佩妮拉進公司之前，邁克以不同的方式對待同事。他很自然就能察覺每一個人的缺點。他以往都會去找一位資深經理人吐苦水，說他因為職務繁重而承受重大壓力，讓經理人接手邁克的一些職務。另外，邁克總是對另一位經理微笑，替他拉椅子，並奉上咖啡。這使邁克看起來像一個非常好的人，該經理對他讚賞不已。因此，每當邁克不事生產的問題浮出檯面時，他背後都有一個強大的捍衛者來解決。

但邁克明白，佩妮拉不會上當。如果他為她拉椅子，她反而會感到懷疑。逢迎討好對紅色性格者起不了作用。如果邁克說他有很多事情要做，佩妮拉會簡單地回答，「所有的人都有很多事情要做，你得更加努力。」所以他對她必須採用另一種策略。

邁克意識到，新任執行長會是難以對付的人。但他不準備換工作。他已經在這公司工作多年，過得太安逸了，不想要改變，所以他必須想辦法讓佩妮拉遠離他的地盤。他從旁觀察她之後，有了一些想法。人們對她極其強硬的風格有何看法，她似乎沒有完全察覺。邁克的解決方案既高明又簡單。公司裡大多數其他人受到她嚴厲對待後，自然會對她避之唯恐不及，但是他反其道而行，拉近跟她的距離。

他直接向她匯報工作成果，雖然他們之間實際上差了至少一個管理層級。邁克已經了解，佩妮拉擁有所謂由上而下的「直升機觀點」（helicopter view），她可以看到事情的大概輪廓，但那也使得她難以看到身邊的事情錯過重要的細節。所以他把自己定位得非常接近她，這樣他就可以追蹤她，萬一她碰巧要追蹤他，他也可以得到預警。

佩妮拉頭腦非常敏銳，同樣也想要邁克直接向她匯報工作成果。她沒有理由不信任邁克，而且他做得很好，把她想聽的事情都告訴她。邁克使用「結果」、「快節奏」、「決心」和「底線」等字眼，因為他了解到佩妮拉喜歡聽到那些字眼，讓佩妮拉知道自己很欽佩她的行事能力，即使那種作風並不受一般人歡迎。邁克之前的行為幾近奉承，相當危險，因為奉承對佩妮拉並不管用，她對這樣的企圖也不為所動，而且如果他借助於恭維，開始膨脹自己，佩妮拉馬上就會起疑。

然而，邁克的作法更高明。他表示自己想處理事情時更加理性；更專注於目標，而不是情緒化；要更像「佩妮拉」的行事風格。然後他就言盡於此，不再往下多說了。他不期待任何反饋的意見。現在他在她心中撒了一顆「欽佩、甚至可能崇拜她」的種子。

他為什麼這樣做？他怎麼願意冒這樣的風險？病態人格者對人們的需求有著直覺的感受。即使是非常強悍的紅色性格者也需要盟友，儘管紅色性格者做出具有爭議的決定，但並不是完全不敏感或無人性的。他們會務實並做好工作，即使他們睡得不好。佩妮拉突然發現，有人對她時而粗魯的態度表示讚賞。邁克不像其他的員工，沒有顯示出對她的畏懼之心。（邁克是真的不怕她。因為病態人格者不怕任何事情）。

邁克做了更多相同的事。他告訴佩妮拉：「妳可能不喜歡我這麼說，但是妳促使這家公司穩定下來，我真的很感動。」同樣地，這不是直接的奉承，他納入了一種保留態度，避免觸怒她，這種保留態度顯示他知道自己可能有點越界，但其實他隱身在甚至連佩尼拉都無法抵抗的「誠實」面具背後。不久，佩妮拉不知不覺對邁克卸下心防，她將他視為盟友之一，認為自己不需要特別提防他。

敢入虎穴，就有勝算

著手試圖操縱一個一開始似乎不受他人想法所影響的紅色性格者，無疑需要勇氣。只有準備冒很大風險的人才敢去嘗試。在某些情況下，這是極度愚蠢的行為，尤其是當你和一個有權力想開除你就開除你的高階主管打交道時。

我們現在又以邏輯方式思考了。我們不應該這樣做。因為病態人格者與我們感覺不同。去見一位以憎惡馬屁精聞名的高層主管，並且公然奉承這個人，會讓你我都不寒而慄。這就像進入虎穴試圖輕拍這頭飢餓的猛獸一樣。如果沒有很好的理由，沒有人會想這樣做。

然而，對病態人格者來說，這只是一場遊戲。而且對他來說並沒有絲毫的壓力。他並不認為自己有冒任何風險。如果事情曝光，他只會聳聳肩，萬一要被炒魷魚，他會爭取豐厚的遣散費。紅色性格會被「不把危險當危險」的人騙得團團轉。病態人格者比大多數人更散發自信。當紅色性格者注意到，如果有人非常自信，他們經常會尊敬對方，甚至會感到欽佩，終於，有人和他們身處同一個層次。

雖然紅色性格者實際上可能已經意識到有人在討好他們，但他們仍然對合作夥伴或員工竟有勇氣和自信做這件事，表示佩服。只要你知道如何著手行動，你甚至有可能不發自內心地告訴一個紅色性格者，你愛他們。

與紅色性格者順利合作的一種方法是，在他們經常受到批評的事情上讚美他們。要巧妙地運用這一點。例如，很多紅色性格者聽到別人說他們是沒有感情的爛人，然而他們認為自己只是做了該做的事情，或者說了該說的話。我常說，如果紅色性格者發現別人不喜歡他們，他們是可以忍受的，但這與他們喜歡被這樣對待是兩回事。有些紅色性格者認為，別人會害怕他們，是做為強硬領導人必定會遇到的情況。紅色性格者就跟其他人一樣，會期待自己的為人處事受到大家的喜愛和尊重，只不過他們不像別人那樣清楚表現出來。所以當有人敢對他們表示讚賞時，那可能是有效的手段。

你可以迫使紅色性格者改變最糟糕的行為。如果我知道紅色主管和我周遭不時會有事情發生，而且想避免碰到這種事情，我可以運用一種所謂「內疚感」(guilt trip)的典型操縱技術，因為紅色性格者仍有良心。

我們再回頭來看邁克的情況。

回頭談論邁克和佩妮拉

有時候邁克也不得不向佩妮拉露出他的真面目。在一次會議中，邁克知道他必須向她報告一些壞消息，因為他負責的一項專案徹底失敗，也需要一些藉口防止她震怒究責。我們知道，邁克已經讓佩妮拉相信他是一個「實話實說的人」，儘管佩妮拉是紅色性格者，而且外表也沒有透露出什麼訊息，但她確實有情感。

這是邁克的第一次測試。他一開始說：「現在你一定會生氣。」現在由於佩妮拉已經視邁克為夥伴了，她不想要傷害他，所以克制自己，盡量不發脾氣。關於這項專案的消息很糟糕，真的很糟糕，但是邁克知道如何解決這個問題。他提議能夠清理這個爛攤子的人選應該需要具備哪些特點。當然，他描述的全是佩妮拉所擁有的特點。

她把這話看作是對她性格的讚賞，之後她也幫邁克收拾殘局。邁克以一種近乎不可思議的方式，成功地將一個令人討厭的爛攤子交給他主管的主管處理，對方現在在公司裡已經獲得「女殺手」的綽號。由於邁克成功擺脫了殘酷的責罵，他會嘗試故技重施。因為現在他知道佩妮拉可以憑意志克制自己。當佩妮拉深入研究要如何清理爛攤子時，邁克正在高爾夫俱樂部悠悠哉哉地享用午餐。當然，這餐又是報公帳。

佩妮拉非常清楚知道，員工認為她相當蠻橫不講理，儘管她沒有讓人看出來，但這一點確實困擾著她。她想做好工作，盡其所能地向老闆展示業績。當她與邁克開會時，她對自己可以控制情緒而感到高興。事實上，她對他感激邁克，因為他讓她學會保持冷靜。現在邁克已經更進一步掌控了她。

邁克繼續採取間接讚美策略，但是從來不公開做這件事。例如，佩妮拉會聽取一些高層主管的意見，因此，邁克會向這些主管簡短評論自己對佩妮拉的看法，其中包括向公司的財務主管提到他對佩妮拉的直升機觀點印象深刻。財務主管是誠實的藍色性格者，會在某個時間點把這個訊息傳遞給佩妮拉：「你知道邁克說妳什麼嗎？」這是一個非常聰明的舉動，因為這不會讓邁克看起來像個馬屁精。相反地，他並沒有直接告訴佩妮拉，因為他知道她不喜歡奉承。

邁克仍然沒有做任何有所貢獻的任務。他坐領高薪，卻四處閒蕩，還開著公司租來的豪華轎車，他告訴家人那輛車是他買的。所有的鄰居都認為那是他的車。這很合他的意，因為這讓他很有面子。

有一次，一位大客戶聯絡公司，聲稱公司沒有交付應該要交付的東西。邁克設法讓那通電話轉到他那裡。邁克一點都不願意盡舉手之勞幫助顧客，因為那意味著要做很多工作，他根本就不想做任何事。於是他去找佩妮拉，用顯得萎靡而沮喪的肢體語言說，她可能會為此解僱他，因為現在事情出包了。

現在佩妮拉已經習慣了邁克的內疚行為策略（她甚至還沒有意識到這點），她知道她在公司裡已經換掉多少人。她當場決定，不管邁克打算告訴她什麼，都不會解僱邁克。邁克甚至設法從她那裡得到不開除他的承諾。接下來，他終於傳達了這個徹底災難性的消息，當然，他口袋裡有一個關於解決方式的提案。

可想而知，這個鬧哄哄的場面還會持續得更久一點。

成為紅色孤狼唯一的朋友

應付紅色性格者的訣竅是，不是什麼事都可以大剌剌公開進行，高明的操縱者都知道這一點。他們從不切入事情的核心，但是必須將自己的行動隱藏在其他事情背後。如果你嘗試做出任何愚蠢的事情，紅色性格者會馬上和你對抗。

病態人格者的方法往往是出乎意料的。他們透過毫無意義的厚顏大膽行為，甚至成功地與紅色性格者互動。一旦他們獲得紅色性格者的信任，紅色性格者將只是聆聽、點頭和同意。紅色性格者不會檢查任何事情，因為細節很無聊，而且也不喜歡回顧。但正如前面提到的，病態人格者不會因為越級向主管的主管扯了漫天大謊而害怕，也不會臉紅或出現任何其他壓力症狀。他們根本不覺得有壓力。（這不會比打電話叫計程車來得複雜，還能有什麼更糟的事情發生？）

紅色性格者也不會向外求助。如果他們開始覺得事有蹊蹺，就會試著自己解決，因為他們的個性裡有一點孤狼的成分。對於高明的操縱者來說，這真是個好消息，因為在紅色性格者實際得到別人幫助之前，他們可以很長一段時間不斷餵給受害者更多相同的藥物。

邁克在佩妮拉的庇蔭下倖存多久？這個例子是真人真事，據我所知，他在這家公司工作了近十年。當佩妮拉終於揭穿他時，我和同事們不得不花六個月的時間幫助他的同事處理這些事件。邁克走後留下的爛攤子大到幾乎讓人無法置信，而且最糟糕的情況是，沒有人會再信任別人。

第十二章

操縱黃色性格者的關鍵：成為他唯一的朋友

「為什麼我要讓你安慰我？」他沒有正視她，而是盯著她頭上方的虛空。「因為我已經確定你沒有其他人可以求助了。」

——瑰絲莉・寇爾（Kresley Cole），《洛泰爾》（*Lothaire*）作者

黃色性格者主要的缺點是拒絕談論自己的缺點。談論自己的缺點會令人非常沮喪，他們認為人們通常太過注意負面的事情。難道我們不應該心情愉快，積極正向嗎？當然，有時候對事物抱持樂觀態度絕對是一種優點，但如果你看到一堆垃圾，你應該要正視它，將它視為垃圾來處理它。

黃色性格者是典型的關係導向者。擁有許多有趣的關係是最好的，他們喜歡任何時間都有人圍繞身邊，與很多不同的人密切交往。這是非常積極正向之舉，因為他們

從別人那裡可以獲得能量，也給對方很多活力。他們想要玩得開心、歡笑和耍寶。但缺點是，他們往往依賴其他人才能夠順利運作。如果不能和很多人進行互動，他們就會變得退縮。如果他們沒有得到任何刺激，點子就會開始枯竭，不會跟以前一樣有趣。他們也不會先主動說話、瞎扯，跟別人一起歡笑，而且不再能與人互動。

黃色性格者明確屬於社交型，這就是導致他們失敗的關鍵。他們沒有談話的對象，可能是最糟糕的事情。由於黃色性格者喜歡說話，因此就需要有人聆聽。聰明的病態人格者想要掌控黃色性格者，會把他們與朋友、家人隔離開來，阻止他們參加各種社交活動，一步步切斷他們的人脈網絡，並逐漸將他們拉近自己。

如果黃色性格者沒有任何人可以交談，病態人格者就可以扮演唯一的傾聽者角色，作為唯一真正關心對方、儘管對方有一些錯誤和缺點，但仍然欣賞他們的人。病態人格者將成為黃色性格者唯一能找的人，對他們來說，病態人格者會是相當重要的存在。如果病態人格者也放棄他們呢？那他們根本就沒有朋友了！

但是病態人格者是怎麼做到這點的？非常簡單。透過利用黃色性格者的缺點來攻擊他們。

暗箭傷人又傷心

自私、膚淺、自我中心、過度自信、信口開河、心不在焉、輕率、健忘、容易被激怒、敏感、沒有章法、愚蠢、話太多，還有是個糟糕的傾聽者。

這份清單可以列得更長，當然，並非所有缺點都適用黃色性格者。如果我們膽敢拿這張清單與黃色性格者對質，他們真的會生氣，甚至難過。沒有人會故意讓別人傷心。我們不想傷害他們，也不想得罪他們。

但是，病態人格者絲毫不關心別人的感受。黃色性格者在面對別人直接告知他們的缺點時，感覺非常糟。但病態人格者則會不計代價得到自己想要的東西，就算他們的黃色性格朋友或伴侶會哭著睡著……嗯，沒辦法，那就是人生。

舉例來說，喜歡欺騙和操縱的病態人格者會假裝推心置腹地跟黃色性格者吐露祕密，那個祕密就是，黃色性格者在意的人曾說過貶損他們的話。好個暗箭傷人！接下來鬧哄哄的情況就會上演。

讓我來舉一個例子：

拉斯和安娜的案例

拉斯是個快樂而積極的人，喜歡和每個人交談，他心胸開放，天性開朗，總是笑口常開。即使他有時會有點自我中心，但每個人都喜歡他，他跟大多數人都合得來。

他跟病態人格者安娜約會後，對方很快就摸透他。當然，拉斯不是很難理解的那種人。他對一切事情都很開放，可能有點太開放。安娜很快以鏡射技巧仿效拉斯的行為，讓拉斯覺得跟她在一起很舒服；安娜很幽默，也常常笑，而且言行舉止拿捏得剛好，既不古板也不粗魯，也讓拉斯覺得她很不錯。

基於某種原因，安娜想要獨占拉斯，這樣她就可以完全控制他，我們暫時不去討論真正的原因。但拉斯有那麼多的朋友，他似乎相識滿天下！她必須找個地方開始下手。

不久，安娜向拉斯透露，拉斯最好的朋友西蒙曾經說過，他早就厭倦拉斯及他一向誇大的作風。拉斯意識到自己確實有點誇張，而且往往誇大了一些事情，好讓大家更喜歡他。這也不是什麼讓人生氣的事情。即使這句話沒有什麼惡意，但拉斯已經確信西蒙真的對他有意見。

安娜向拉斯保證，這肯定不是什麼嚴重的事情。接下來的一週，拉斯又從安娜那裡聽到，西蒙認為拉斯在聚會時總愛搶著說話。現在拉斯真正開始感到難過。部分原因在於他對批評非常敏感（這是安娜初期就已推測的事情），所以現在更加痛苦，因為西蒙是如此要好的朋友。這感覺就像被人從背後捅了一刀。

最後，拉斯細想了一下。這件事確實聽起來很奇怪。西蒙真的會這麼說嗎？但是他沒有任何理由懷疑安娜，安娜說了更多關於西蒙的事情，聽起來完全可信。

拉斯現在非常擔心。他決定和西蒙談談，釐清事情，但是安娜阻止了他。告訴拉斯應該不想引起衝突，對吧？因此，她建議暫時不要和西蒙聯絡，別管他，忘了這件事，畢竟他現在似乎頗愛抱怨，她不知道西蒙發生了什麼事，也許他現在正經歷一段艱難的時期？先離開他一段時間，他最後會恢復正常的，你不覺得嗎？拉斯對此表示贊同，這聽起來很合理。實際上他很高興有人還能理性地思考。

很快地，安娜把拉斯完全排除在朋友圈外，而且她的作法讓事情看起來像是拉斯自己的選擇，但事實上，她在背後操縱一切。當然，這是一個需要時間的過程，可能需要幾個月的時間，但是安娜有充裕的時間讓拉斯遠離西蒙。

在這種情況發生的同時，她讓拉斯忙於其他事情。但拉斯很痛苦，失去西蒙，感覺一點都不好。他們相識多年，西蒙是他最要好的朋友。他向安娜提出這個問題，並解釋說他打算聯繫西蒙，他們已經互相發送簡訊，並且約好一起吃午餐。這時她製造了一個跟她有關的狀況，有效地阻止了這次會面。她根本不想讓拉斯和西蒙釐清任何事情。

拉斯約好和西蒙共進午餐的那一天，安娜在家裡大發雷霆，聲稱拉斯不再愛她、她的工作出現危機，或是她發現自己可能患有嚴重的疾病，甚至發現是個曾讓某位近親死亡的疾病，因此心情低落。無論如何，拉斯必須留在家裡陪她。於是他沒有赴約，因為他是一個善良的人，希望每個人都好。然而，下一次和西蒙的午餐聚會，也以類似的方式告吹。不知不覺間，整整一年很快過去了，他甚至沒有與西蒙談過半句話。

批評他們的正向特質

毫無疑問地，黃色性格者在人際關係方面的得失特別敏感。這會為他們造成壓力與混亂。而其中一個方法是，在他們心中播下小小的懷疑種子。「你真的必須一直談論自己嗎？」這類評語會在黃色性格者的心裡造成影響。當然，黃色行為中確實包含某種程度的自我中心，但每個人都偶爾會想談論自己。病態人格者會緊盯黃色性格者追求自我滿足的態度，使他們感覺不好。當然，黃色性格者不想讓別人有這樣的感覺，所以他們會極力避免談論自己。很快地，他們不再追求夢想和描述願景，並且開始走上毀滅之路。

另外，病態人格者也會聲稱黃色性格者很久以前就聽過某件事，當黃色性格者不承認這一點時，他就會說：「你從來都不好好聽別人說話。」因為黃色性格者從來就不會和良好的聆聽者畫上等號，黃色性格者也確知這一點，他們自己說了很多，卻忘了聽別人說什麼。

有人會建議黃色性格者，好好聽別人的意見，並讓別人也能多發言，這是反饋意見。不過以善意的角度向他們這樣解釋是一回事，老是抱怨他們不聽人意見、捏造他們從未說過的話，聲稱他們對這些事情也充耳不聞，又是另一回事。這是心理上的負面操縱。堅持不懈的病態人格者可以讓黃色男朋友或女朋友、同事或老闆聆聽。如果病態人格者想要一些特定的東西，這就是他們所做的事。

可以使黃色性格者崩潰的方法有：反覆說他們應該嚴肅點、不要笑得這麼誇張、不要一直閒蕩、要更認真看待人生。黃色性格者所說的笑話，幾乎都可以讓病態人格者假裝自己被冒犯。說他們批評種族主義者、仇女或仇男。「你怎麼能拿挪威人開玩笑？」或「你為什麼要拿生病的孩子開玩笑？」「你真的對穆斯林婦女說過這種話嗎？你怎麼可以這樣？這麼不恰當，你沒有看到人們如何反應嗎？」如此一來，對黃色性格者來說，極為重要的幽默，已被破壞殆盡。不再有人會認可他們，愈來愈多人與他們保持距離，他們就會變得無聊和怪異。

回頭談論拉斯和安娜

拉斯與安娜在一起十八個月後，他不再是原本的自己了。拉斯與西蒙已經形同陌路，隨著一起遠離的是拉斯十分想念的一大票朋友，但他們已經不理他，不再喜歡他了。拉斯的問題是找到新朋友非常困難，因為他已經意識到自己是個爛人。其實他早先並不知道別人認為他是追求自我滿足的自戀者。

每次他和安娜參加晚宴或聚會時，事後安娜都會告訴他，他剛剛犯了什麼錯誤：他打斷了詹恩或詹恩妻子的話；他對哈坎講了一個不適當的笑話，而且和米婭聊太久。也許他真的和米婭說了太多話，但那是因為米婭不知道他是誰，他想要和某個還不知道他是爛人的人談話。有人可以交談實在是太舒服了，她整晚都對他愚蠢的搞笑笑個不停。

安娜非常清楚拉斯玩得很開心，她其實希望他當晚留下不好的回憶。所以她在家裡大哭大鬧，指責他和米婭公然調情。安娜淚流滿面，大聲叫嚷，當拉斯指控她毫無理由地嫉妒時，她說她很愛他，甚至害怕失去他，拜託他可不可以保證不再和米婭說話？整件事情讓拉斯感到內疚，他當場同意這個瘋狂的承諾。

安娜表現出嫉妒的情感當然是假的。病態人格者才不會感到嫉妒，若是真的嫉妒的話，會促使安娜關心拉斯，但那不是事情的重點。重點是在控制。事實上，安娜搞劈腿，通常病態人格者往往性關係很隨便，安娜也不例外。另一方面，即使安娜把胸罩前後顛倒穿回家，拉斯也不會注意到。

經過幾個月不斷上演這種劇碼，拉斯幾乎不願意外出。他喜歡待在家裡。每到週末，他會安靜地坐著看電視，但是不會看足球，因為安娜不喜歡足球。拉斯寧願看安娜喜歡的黑白老電影，即使他認為這樣的假日無聊透頂，但這是安娜唯一想坐在沙發上靠近他的時間。現在拉斯非常渴望和人接觸，即使他對安娜非常不滿，但他也準備做任何事情來滿足她，因為現在安娜就是他的全部。

「離開我，你什麼都沒有！」

先是隔離。再來批評、威脅對方：「別再閒晃了，別再那麼幼稚了，給我更多的關注，否則我就離開你。」黃色性格者就這樣陷入了病態人格者的羅網之中。

容我強調以下幾點：很多伴侶會使用還算正派的方式來取代對方的熟人圈，目的經常是因為嫉妒使然。當然，這樣做並不好。我重述再多次也不為過：如果有人試圖控制你，你應該退一步思考，問自己為什麼對方要這樣做，也應該立即質疑這類影響。顯然，並不是所有使用這種方法的人都是病態人格者，有時候他們只是嫉妒，你要確保對方不是為了操縱而那樣做。

但重要的是記住一點：即使病態人格者不感到嫉妒，也不感到悲傷，他們仍可以假裝嫉妒。他們會說：「你不再愛我了，我看到你盯著那個女人，她比我美得多。」但實際上他們只是想要控制。

在拉斯的例子中，我們看到安娜一步一步地隔離他和他的朋友。而現在的問題當然是：如果拉斯不再想出門，對安娜來說，那不也很無聊嗎？不，因為安娜想去哪裡就去哪裡。如果拉斯抱怨說，他待在家裡，她在外面卻玩得很開心，那她對那個問題也有一個現成的答案：難道他不想讓她做任何她喜歡的事情嗎？拉斯，你到底有多自私啊？

第十三章

操縱綠色性格者的關鍵：故意製造衝突

「規則很簡單：他們對我們撒謊，我們也知道他們在撒謊，而他們也知道我們知道他們在撒謊。但是，他們仍一直對我們撒謊，我們也一直假裝相信他們。」

——作家 艾琳娜．戈羅霍娃（Elena Gorokhova）

綠色性格者的缺點主要是害怕衝突。衝突是不愉快的，他們似乎喜歡躲在角落裡。對綠色性格者來說，不得不說實話是一件難事。例如，他們可能不喜歡朋友的新套頭衫，但他們不會說出口，反而大肆吹捧朋友的品味，說他們從未見過如此優雅的套頭衫。當朋友提議要借套頭衫給他們時，就會出現問題。

綠色性格女性相當害怕變化，她不喜歡新計畫。她不想成為眾所矚目的焦點，也不想公開受到批評。她不喜歡和一大群人說話（她所謂的一大群人是指超過五個人），除非她跟他們很熟。她是內向的人，也是觀察者。有時候可能很難從她那裡得到任何真正的答案，你很常發現，當綠色性格者說「好」，其實意思是「不」。

這些缺點之中，綠色性格者有意識到哪一項？這因人而異，不過「不願改變」可能是他們經常聽到的。「你從來都不想要多想一些點子，就只是坐在那裡。我們難道就不能搬家或重新裝修，做些改變嗎？」不，每樣東西就跟他們一樣，好得很！

博取信任，成為對方可倚靠的肩膀

綠色性格者的缺點包括：害怕衝突、嘮叨、不願意改變、固執、陰沉、矜持、懦弱、被動、想落跑、不承擔責任、不誠實，不與人交談，卻會談論別人，對批評過分敏感，以及猶豫不決。

所以如果病態人格者想要操縱綠色性格者，他們會傾向於攻擊綠色性格者「對批評很敏感」和「害怕衝突」這兩點。當然還有很多其他的方法，但是大體上綠色性格者容易受到兩種特定行為影響，至於會受其中哪一種行為影響，取決於是與工作有關，還是與友誼或親密關係有關。

我們來看看親密關係。綠色性格女性者常常意識到自己能力稍差，缺乏主動性。若是和同樣屬於綠色性格男性在一起，她很容易就會發現自己只是坐而言，而非起而行，對未來抱持的夢想和計畫仍然只是空想。如果他們兩人都不開始行動，這項工作就永遠不會完成。因此，很可能綠色性格者會對與他們行為相反的紅色性格者所擁有的行動力印象深刻。紅色性格者擁有強大的動力，不會說很多言不及義的話，而是在每個問題上採取清晰明確地行動。心情好的紅色性格者可以在很短的時間內完成一些令人難以置信的事情。對他們來說，建造圍欄或粉刷車庫幾乎不需要花什麼時間。

以上只是一個簡單的例子，但我想你應該知道這個道理。所以病態人格者會採取紅色的行為來接觸綠色性格者，特別在情況變得艱難時，表現出自己是一個可以讓人依靠的人。此外，由於綠色性格者會很高興不必肩負重責大任，也不必作許多可能產生長遠影響的決定，他們會把所有的決定交給另一個可以決定一切的人。

一旦病態人格者贏得了綠色性格者的信任，並且「接近」對方時，操縱就會開始。下面的例子有九五％是由真人真事改寫而成。

琪琪和烏爾夫的案例

琪琪是位個性溫柔親切的失婚女人，有三個全都不到十歲的孩子，她已經單身超過一年，但這不是她喜歡的生活。相反地，她認為一個家庭應該由一個男人和一個女人組成。但離婚後她沒有遇到合適的男人。她曾經約會過的男人，有的像她一樣相當被動，有的又太過猴急，只想跟她上床。

後來，她遇到烏爾夫。他跟琪琪的朋友克莉斯汀娜是泛泛之交。他們在社區的一個花園派對上偶然相遇，烏爾夫很快就看中琪琪。他沒有採取任何行動，但花了半個小時觀察她，她的行為如何、跟誰說話、似乎會為什麼事而笑。然後，他走到琪琪身邊自我介紹。他很友善，同時也有掌控欲。烏爾夫拿給琪琪一杯飲料，並主動建議她應該吃哪些燒烤物。但他沒有和她調情。這讓她感到驚訝，因為她非常有吸引力，而所有知道她單身的男人都只會打情罵俏。她非常清楚，派對上的大多數男人都想把她弄上床。

烏爾夫有比這更進階的計畫。他注意到琪琪害羞的樣子，意識到她需要時間習慣他。所以他沒跟她道別就離開了派對。不過，三天後，他在當地的超市裡出現了。真巧！在他們聊天的過程中，烏爾夫快速有效地完成採購，而琪琪卻在貨架之間猶豫不決，不知該買什麼比較好。現在琪琪對烏爾夫很快決定自己想要的東西這件事極為印象深刻。要是她能像他那樣就好了！他採購完離開店的速度跟他到達時一樣迅速。在重複多次這種行為之後，烏爾夫邀請琪琪外出共進晚餐，最後上了床，而且不到一個星期，他就搬進來和她同居。

我們仍然不知道烏爾夫的目的是什麼。但如果他想盡可能長時間騙財，那麼沒有比綠色性格者更好的人選。她會想要幫助、支持人，因為這是綠色性格者最重要的優點之一。烏爾夫可能會說，他鎮外有一棟公寓，那裡非常無聊，倒不如約在她家見面。他一點一點地進駐。琪琪為他的活力完全傾倒，她讓烏爾夫在她的房子裡做他想做的事。烏爾夫移動她最喜歡的家具，冰箱放滿了他喜歡的食物，把她的衣服推到衣櫃的一邊，把一輛異常俗豔的汽車停放在車道上，那是一輛出於某種原因似乎永遠不會使用的汽車。

烏爾夫控制琪琪的方式，完全不同於安娜控制拉斯的黃色行為，琪琪從一開始就不是每天晚上出門的人。當孩子們與他們的父親共度週末時，她也沒有邀請很多朋友來家裡。她的個性是把所有的空閒時間和注意力，都集中在如何打點好她的伴侶的事情上，這就是烏爾夫立即利用的特點。他讓她去購物、洗衣服、熨襯衫、打掃房子、烹飪，做所有烏爾夫自己不想做的事情。他利用這些事情讓琪琪覺得她在他眼中是重要和有價值的。

不久前，烏爾夫的月薪出了問題，會計部門似乎弄錯了一些數字，因此他計畫先向琪琪借幾千克朗（約台幣三千多元），直到辦公室裡的白痴清理好殘局。

如果琪琪說「好」，他就完全突破了障礙。他只要求她借一小筆錢。他第一次不會要求五萬克朗，但借幾千克朗是安全的。琪琪的看法也一樣，她認為烏爾夫是一個可靠的傢伙，顯然他會還錢給她。但是還錢並不包含在烏爾夫的計畫中，他知道可以利用琪琪天生的善良，因此對烏爾夫來說，這是一項測試。現在他知道她會為了他而打開錢包，所以他繼續步步為營。烏爾夫開始每次去餐館的時候，都忘記帶錢包，但是琪琪都很樂意地自掏腰包了。然而，烏爾夫還想看看自己可以做到什麼程度。

一旦琪琪開始給他錢，她將繼續這樣做。因為那是她的行事風格。一旦她開始幫助他，就會一而再，再而三幫助他。

告訴沒自信的綠色人：「沒錯，你真的很糟！」

當病態人格者盯上黃色性格的受害者時，就是要壓抑、改變受害者對自己的看法，好讓病態人格者能夠掌控他們。但綠色性格者沒有強烈的自我意識，他們不會認為自己比別人好，他們比較會壓抑自己，並對其他想要聽他們有什麼缺點的人說出實情。所有的病態人格者需要做的就是助長或強化這個特質，即使是綠色性格者也希望有人和他們就在同一陣線。

就像黃色性格者一樣，他們是關係導向者，與世隔絕是一個可怕的威脅。例如，當一位綠色性格女性對著鏡子說她變胖了，病態人格者需要做的是表示贊同：「是啊，說不定你已經重了幾磅。」這對確實想要壓制這個女人的男人來說，他只需要肯定「你變胖了」這件事，便可讓她們脆弱的自尊心，再度受到打擊。

比方說，當綠色性格者吃完晚飯後問說，「今天的菜好吃嗎？」病態人格者可能會開始不斷挑剔說：「嗯，也許應該可以多放一點鹽、少放一點奶油、作出完全不同的顏色，或是更熱一點。」如果綠色性格者稍作辯解，病態人格需要做的就只是把他的嗓門稍微提高一點就好。厲害的病態人格者只需稍微使自己的語氣變得尖銳，就可以讓對方尋找掩護，以避開潛在的衝突和爭吵。

綠色性格女性在乎自己的家庭，以及別人對自己家的觀感，這也是另一種有效的武器。如果病態人格者需要一些東西，像是金錢、獨處時間、性愛（也許這對綠色性格女性而言太過進階），他需要做的就是暗示如果綠色性格者不接受，他可能會選擇離開。她必須留住這個男人。畢竟，孩子們需要一個男性典範。有無數的故事是在講述一個男人如何成功地讓一個女人同意一些荒誕的事情，重點就是：只要對她最大的缺點施壓即可。

回頭談論琪琪和烏爾夫

六個月後，琪琪和她的孩子們只吃烏爾夫喜歡的食物。這可能是他只想吃雞肉、牛肉，或者素食。只不過購買食物的人總是琪琪。不幸的是，烏爾夫有一段時間失業，沒有收入。烏爾夫賣掉了他的車，當琪琪問他賣車的錢到哪兒去了，因而導致了一場暴力衝突，烏爾夫假裝自己被她的暗示冒犯而生氣了。他非常憤怒，由於琪琪害怕衝突，從那時起，她再也沒有說過任何一句反駁他的話。

當然，這一切都在烏爾夫的計畫之中。他一直都知道她害怕吵架。對她吼叫是他可以做的最好的事情。現在只需要一個憤怒的表情，她就會屈服，並且給他所有他想要的東西。烏爾夫根本不在乎琪琪，她只是一種可替代的資產，僅此而已。

在烏爾夫失業的這段期間，所有的生活開銷全都由琪琪支付。在琪琪外出工作時，他上網看了很多電影，每個月花費幾千克朗（約台幣三千多元），最後都算到她的帳單上。烏爾夫還經常與他的伙伴們一起去酒吧，這導致琪琪有限的積蓄被揮霍殆盡。烏爾夫甚至讓她用光孩子儲蓄帳戶的錢，而這些錢在他出現之前已經存了很多年。

現在琪琪真的很擔心自身的財務狀況。只有一份薪水是不夠的，特別是烏爾夫很會浪費她的錢。他回家時總會帶著他買的衣服、那些他不會穿的西裝。為什麼烏爾夫還可以到處買東西？因為琪琪把自己信用卡的密碼告訴他了。

琪琪不得不跟烏爾夫說她已經快沒錢了。她雖然很怕他突然暴怒，但她別無選擇。因為她破產了。由於烏爾夫是病態人格者，他從未想過錢花光時應該說什麼，所以就即興表演。他毫無羞恥心，建議她去跟銀行借一些錢。對此琪琪感到震驚，因為她父母一直告訴她，如果沒有很好的理由，就不應該背負債務。

但烏爾夫很狡猾。他問她到底想被父母管多久，老天，她都快四十歲了！她是不是可以趁這時候擺脫父母的枷鎖，就從這次開始為自己的財務做主？烏爾夫說相信她，他知道她可以做到。他故意加強了她的自信心，討好她，說服她去做到這一切。當然，他會幫她，不久他也會有一份工作，事實上，他這週就要去面試了。他之前沒有提過，是因為這將是一個驚喜。

這一切都是假的，因為對烏爾夫來說，捏造故事並不困難，這是為了讓琪琪鬆口氣的。琪琪喜出望外，她給了他一個很大的擁抱，並承諾第二天早上會去銀行把所有問題都解決，他們很快就會重新站起來。

琪琪聽從烏爾夫的建議，和銀行借了五萬克朗（約台幣十九萬元）。當銀行把錢匯到帳戶去的時候，烏爾立即要了一半的錢。琪琪想知道為什麼，因為她才是真正支付家裡開銷的人，她需要這筆錢來支付許多未付的帳單，是必須先緊急處理的。但烏爾夫解釋說，如果他有一點錢，她就不必一直替他付錢，這會讓她更容易做事。她不情願地把借款的一半給了他。他兩天就把它花光了，但他不能真正解釋花在什麼地方。當然，他再度努力說服她，以得到剩下的錢。

之後，烏爾夫又勸說她借更多的錢，這次金額更大，直到銀行拒絕。當琪琪最終債台高築，身無分文時，烏爾夫將會消失。也許有一天，當她下班回家時，他已經消失不見了。也許他會捏造一個理由對她吼叫，讓她進一步崩潰，但是他會撲向下一個準備為他支付一年或兩年費用的女人。他會撇下一個瀕臨毀滅、孤獨無依的小家庭。琪琪從來都不敢跟任何人透露，她被這個男人欺騙的事。

被蠶食鯨吞的人生

這聽起來很誇張嗎？並不會。伴侶之間的財務狀況失衡是很常見的事。一個伴侶揮霍無度，另一個伴侶喜歡儲蓄，或是其中一人的薪水高得多，通常男人會有較高的薪水，在兩人的協議之下，他負責大部分的開支，所以沒有什麼好奇怪的，畢竟他們是一家人。

但是一位伴侶有計畫地利用另一半的金錢來為自己的東西付錢，這是完全不同的情況。病態人格者非常擅長讓你自己打開你的錢包。他們的行為就像是在案例中的烏爾夫。他們從小範圍開始，然後看看他們能走多遠、撐多久。一點一點地，他們將牢牢抓住你的錢包。靠人養活是病態人格者的一個明顯特徵。正如我先前所述，他們不覺得羞愧，也不會因為讓別人付錢而懊悔。

有些人絕不會把錢交給剛剛認識的人，因此病態人格者對這些人不會感興趣，他們會找下一個受害者，因為他們周遭總是不乏新的受害者。

第十四章
操縱藍色性格者的關鍵：收買他身邊的所有人

「只要你愛計較得失，你就輸了。」

——波蘭畫家 卡曼德．科久里（KAMAND KOJOURI）

我想大膽陳述一項有趣的意見：在所有顏色的人之中，藍色性格者最難操縱。原因很簡單，因為藍色性格者會知道到底發生了什麼事。他們知道你說了什麼、記得所有細節。他們寫下自己所聽到的、保留電子郵件，並且知道事情如何運作。

到現在為止，你知道病態人格者會隨意說謊，當他們被揭穿時，他們會用新謊言來混淆問題。當然，他們也會對藍色性格者撒謊，但他們會遇到一個問題。藍色性格的同事、老闆、朋友或伴侶會按照事實揭露謊言，而且動作比別人更快。藍色性格者所做的就是追蹤事實，並再次確認各種事情。是的，你的藍色性格老闆可能會在你不知情之下檢查你所做的事情，他們就是那樣的人，這沒有什麼不好，他們只是喜歡追蹤正在發生的事情。

如果病態人格者想要操縱藍色性格者以獲得利益，會需要一些特殊的條件。只是高聲大喊「這就是事實！」是行不通的。藍色性格者會抽絲剝繭，並發現事情根本不是那樣。他們既理性又任務導向，會回到辦公室找病態人格者，並表示「是你錯了」。這樣你又該怎麼解釋那一點？

在親密關係中，你不能只是口頭說「我已經先付了假期的錢，你要分擔的金額是一萬克朗（約台幣三萬八千元）」，因為你的藍色伴侶／朋友會要求查看收據。不一定是他們不相信你，就只是想看收據而已。如果金額不正確，他們不會給你一萬克朗，而是會給你九千九百八十六克朗（約台幣三萬七千九百四十七元），因為那正好是一半的金額。

這意味著你不能對藍色性格者隨便胡亂行事，並且指望對方贊同此事。許多病態人格者在某些學科上的涉獵程度並不深，只夠讓人認為他們好像真的知道他們在說什麼，把人們唬得一愣一愣的。但藍色性格者不會因此上當，他們會深入研究一切。他們最主要的缺點之一是，他們會忍不住去檢視一切事情的背後是什麼，而且會忍不住找出事情的運作方式。有時候這會激怒他們周遭的人，但在這種情況下，這對藍色性格者絕對有利。

不過請注意，藍色性格者並不一定會對病態人格者的搪塞大驚小怪。他們不覺得有必要公開自己的想法，但是他們已經私下認定走廊盡頭的那個人是不可靠的，並從現在開始把這件事放在心上。

那麼，藍色性格者是否能免於被操縱？

可惜並非如此。

「我就是這樣！」

迴避、粗暴乖戾、多疑、小心眼、抱怨、不滿意、注重細節、猶豫不決、拘謹、冷酷無情、缺乏社交技巧，缺乏行動力等。

正如你所看到的，藍色性格者也有相當多需要改進的地方。一如既往，病態人格者知道對方的缺點是什麼。並不是所有的藍色性格者都會對周遭的人產生懷疑，但是他們不像綠色性格者和黃色性格者是屬於關係導向。大多數人確實比藍色性格者更重視關係，在某些時候，這是藍色性格者的優點；他們不在乎是否被人認為個性有點灰暗和沉悶，甚至可能會同意「自己就是這樣的人」。

但是，這可能會反過來對他們不利。

戈蘭和羅傑的案例

戈蘭的思考方式極為系統化，他在一家大型公司的會計部門擔任會計長，相當資深，以從未出現任何疏漏而聞名。他行事嚴謹、細心是眾所周知的，但他也被視為對部門同事不友善。他很少參加下班後的酒吧聚會，或辦公室派對等社交活動，原因是他對同事不感興趣。他知道他有時候需要同事的協助，但是比起社交，他會優先選擇獨處。當然，他很清楚同事們是如何看待他，不過因為他的私生活中還有另一個社交圈，所以他並不在乎公司同事把他看作書呆子。

這時部門出現一位新主管羅傑，他很快意識到戈蘭是一個怪人。他聽到每個人都讚揚戈蘭無與倫比的經驗和能力，但後來聽太多這些話，令羅傑感到厭倦，倒想來瞧瞧傳奇的戈蘭是否會有出醜的一天，這可是令人興奮無比。羅傑在與戈蘭坐下來談話後，很快意識到戈蘭是一個難以對付的人。他嘗試讚美戈蘭，對方卻沒有太多的反應。因為戈蘭知道自己的能力，而且對讚美和奉承都不為所動。接著，羅傑試圖批評戈蘭一些可能被質疑的事情，但戈蘭也沒有上當，非常冷靜，似乎不受干擾，只是簡單訓斥羅傑不知道這裡的規矩而亂講一通。這舉動惹毛了羅傑，他深信自己的才華，不允許有人反駁他，因此決定一定要讓戈蘭出醜。

羅傑觀察戈蘭在公司裡的一舉一動，他很快就看出，儘管戈蘭有專家的地位，但他是孤狼。這讓他可以在戈蘭不知不覺的情況下，在背後操作很多事情。

羅傑開始個別與每一名員工談話，以了解員工對戈蘭的真實想法。他很快就了解他們都尊重戈蘭，但都認為他有點孤傲。有關戈蘭的事情幾乎都打聽清楚後，羅傑開始正式付諸行動。

由於他找不到任何可以歸咎戈蘭的嚴重錯誤，也沒有人會被這種作法愚弄，因此他從反方向下手。他雖然無法操縱戈蘭，但他可以試圖操縱部門中的其他人。因此他去找A，說他要拿一些戈蘭說A會有的文件。但A很困惑，因為他早就把那些交給戈蘭了。羅傑聳聳肩說，這可能只是一項誤會而已，沒關係。

同一週稍晚，他也用類似的手段去找B，然後又去找C和D，每次刻意質疑戈蘭，讓他們意識到戈蘭有時會遺漏一些事情。由於身處個會計部門，這裡很多人都具備綠色和藍色的行為，這意味著他們不會直接去找戈蘭對質。這是羅傑從一開始知道的事情，他也知道內向的員工們很多事都不會說出來，而他便無恥地利用了這一點。

羅傑繼續他的計畫，散布一個又一個關於戈蘭的怪異謠言。但是戈蘭完全不知道羅傑的詭計。他與員工F個別談話，主題是F最近是否留意到戈蘭有什麼奇怪的事情。F回答說，他沒有看到什麼奇怪的事情，戈蘭一如往常。F要求羅傑舉一個例子時，他搖了搖頭，說這可能不是什麼大不了的事。羅傑就是透過這種方式，很快地讓人們開始重新思考他們對戈蘭的印象。他們原本認為戈蘭絕不會犯錯，但是漸漸地，原本如此輝煌的光環開始變得愈來愈黯淡。

尋找被利用的棋子，步步為營

這項計畫需要花費很多時間。羅傑知道他必須以一種緩慢的步調進行，如果他某天早上在休息時間宣布戈蘭突然老年失智，絕對不會有人相信他的話，所以他必須謹慎行事。想要破壞人們對藍色性格者抱持的信任，其中一種方式是讓他們看起來不可信任，而這可以透過操縱戈蘭周遭的人相信他已經變得粗心來達成。

在政治上，這是一個眾所周知的策略。比方說，你不能讓政治人物改變意見，但是可以透過質疑此人或他們的道德，讓民眾不再聽他們的意見。我們知道這其中沒有任何連結：事實就是事實。但是我們會受到發出特定訊息的人所影響。想想看：假設你和希特勒會面，他說除非我們立刻停止開車，不再排放廢氣，否則地球將會毀滅，但你不會真的照做，而可能會重新思考溫室效應，因為你知道希特勒是不可信的，有點知識的人都知道那一點。反之亦然：如果你在街角碰到你最喜歡的藝術家或作家，她聲稱我們完全可以忽視溫室效應，而且根本不是人為造成的，那你可能會開始對溫室效應感到疑惑。羅傑完全清楚明白這點，所以他得替自己找到一些盟友。

研究學者海爾和保羅・巴比亞克（Paul Babiak）稱這些盟友為「棋子」

（pawn）；可以輕易犧牲掉的資源，功能是做為可供病態人格者利用的白痴。這些棋子完全為病態人格者的魅力所傾倒，總是會說他是世界上最好的人。羅傑就是靠這種方法，在做為訊息傳遞者的身分上建立可靠性。每次有人批評他的時候，棋子們都會出面搶救，批評聲浪因而變成牢騷和粗魯之舉。

藍色行為對於大多數人來說是很難處理的。藍色性格者有一種不可思議的控制力，他們通常不會犯任何錯誤。比較可能的是，他們會指出你的錯誤。如果你讓他們挑不出別人的錯誤，也許他們會開始懷疑自己的能力。被同事排擠這種事，影響還算小，但如果你不再讓藍色性格者繼續從事頂尖的工作，他們的自信心就會開始動搖。如果你還能讓他們誤認為自己真的犯了錯誤，那麼令人頭痛的事情肯定會接踵而至。

回頭談論戈蘭和羅傑

六個月之後，戈蘭已經被逮到很多不能再忽視的小毛病。羅傑散播了大量的惡意謠言，這些都像是戈蘭會做的事，導致同事們認為戈蘭實際上可能已經江郎才盡。當然，畢竟誰能無過，原因可能有很多。也許羅傑散播了「戈蘭家裡出了問題」的傳言，也許戈蘭已經向他的新主管透露，他已離婚而且不想談論這件事，他希望每個人都像以前一樣對待他。這不是一個大問題，因為戈蘭的座位是獨立的，所以沒人會立刻和他討論這件事。

羅傑現在認為他員工們都已經站到他這邊來了，他擁有大量的棋子可供支配，於是他展開第二階段的行動。他開會一律提前十五分鐘，並通知除了戈蘭以外的所有人。因此，每個人都發現戈蘭開始固定遲到，並認為他的工作能力不如以往，甚至懷疑他是否不能判斷時間。

戈蘭去找羅傑，問他為什麼沒有告知他新的會議時間。羅傑說，他當然有通知戈蘭，並指給他看發出的電子郵件，郵件看起來完全正確，但其實羅傑在郵件位址上動了手腳。羅傑根本沒有發送任何信件給戈蘭，他還趁機把其他員工的批評告訴戈蘭：「同事說你的工作能力變差了，你還能振作起來嗎？」

戈蘭不能理解羅傑話中的意思，並想知道一些具體的例子。羅傑不直接了當地說，而是告訴他，這些同事都想匿名，也不想當面和戈蘭說話，如果告訴你例子的話，那你就會知道是誰說的。羅傑也解釋說，這樣做就等於出賣了他們。戈蘭很難反對這種邏輯，因為他自己就是根據某些原則來生活的人。

羅傑更進一步告訴他，同事們都在抱怨戈蘭做事老是粗心大意，造成他們很大的困擾。戈蘭聽完後不發一語，回到自己辦公桌前。因為戈蘭的性格太內向了，不想和同事有不必要的交談，他什麼都沒做，也什麼都沒說。戈蘭不想跟同事說話，而同事也不想跟他說話。

羅傑為了要真正打擊戈蘭，便指派他參加一場員工會議，這也是戈蘭十年來第一次離家外宿。這迫使戈蘭必須得跟那些同事有較為密切的互動，同事們心中對戈蘭有些意見，並認真地質疑戈蘭是否真的知道自己在做什麼。對戈蘭來說，整個週末的會議是一個相當大的折磨。以前在大型會議中，戈蘭通常是負責提出一些具體的數字的人，但現在這項任務已經交給別人，他意識到自己作為會計長的地位受到嚴重威脅。

事情發展到這步田地，戈蘭仍然不願與任何同事互動，一方面是他不常跟他們說話，另一方面是他認為這些白痴同事根本什麼都不懂。之後，羅傑將愈來愈多的錯誤歸咎於戈蘭，最後不得不把他轉調到部門的另一個職位。畢竟，如果有這麼多的粗心大意，你不可能讓一個人擔任這樣責任重大的職務。戈蘭仍然堅持他沒有犯任何錯誤。現在，他每天傍晚和晚上都會仔細再三檢查他所做的一切。他正在走向崩潰，因為他想洗刷自己的罪名，恢復自己的清白名譽。

只不過，戈蘭現在都只接到簡單任務，遠遠低於他的能力。他非常不滿，並他第一次告訴他妻子發生了什麼事。她認為他應該換工作，因為公司似乎完全忘恩負義。這些年來，他一直為公司奉獻。然而，目前的情況算是感謝嗎？

現在戈蘭真的陷入困境了。在辦公室裡同事似乎不相信他。他妻子希望他能找到一份新工作，但他卻很喜歡他的工作。一年前，他還在這個職位上感到自在，現在一切都崩潰了。他開始在家裡和公司裡亂發脾氣，反倒更加深了他很難搞的印象。戈蘭去找他的同事談，把這一切歸咎於羅傑，但他們站在羅傑那邊，他們是羅傑忠誠的棋子。

為了最終嘗試將問題一勞永逸地解決，戈蘭星期一早上十點透過電子郵件，與主管羅傑訂了一項會議。戈蘭整個週末為此會預作準備，這也許是他曾未有過的最重要會議，他必須自保。當他帶著一個充滿論據的文件夾來到會議時，他被羅傑罵了一頓。他現在為什麼還能如此輕快自信地走進來？他應該在一個小時以前就到這裡，他為什麼這麼晚到？他不再認真對待任何事嗎？戈蘭很震驚，回到自己的辦公室，看著他的電子月曆。當然，上面顯示九點鐘。這怎麼可能？他不知道羅傑已經在他自己發給戈蘭的邀請函中改變了時間。

情況又繼續進行了六個月，戈蘭最後因為沒有工作可做而被解僱。

最可能被人際關係搞垮

即使是最狡猾的病態人格者想理解藍色性格者，也是一大挑戰。或許漂亮的女性病態人格者，可能比較容易吸引人際關係有問題的藍色性格男性。這是一個相當簡單的例子，想像一下，一名四十出頭的男人還沒有遇到合適的伴侶，後來卻有個美麗的女人向他承諾會永遠愛他，而這女子把所有的注意力都集中在他身上，並強調他最好的一面。對女騙子來說，男人以前從未經歷這樣的事情，是一個無人防守的球門，射門得分的機會很高。由於女性病態人格者經常把性愛作為武器，最終結果可能會造成一團混亂。

儘管藍色性格者不像大多數人那樣依賴人際關係，但他們私底下仍確實擁有非常少卻相當密切的人際圈。若是病態人格者是從這些關係下手的話，在這種情況下，他們的防護鎧甲不會比其他人厚。

第四部

知己知彼，才能反操控

——破解惡意操縱者的掌控招數

第十五章
那些你意想不到的暗黑操縱術

「如果你是個認可成癮者（approval addict），相當仰賴別人的肯定，那麼你的行為就像癮君子一樣容易受人控制。操縱者需要做的只有簡單的兩個步驟：給你渴望的東西，然後再威脅要把它拿走。世界上的毒販都在玩這種遊戲。」

——心理學家　海芮葉・布瑞克（Harriet B. Braiker）

我非常認同直話直說的重要性。比方說，當我們知道病態人格者要來打亂你的生活，最好直接就把他們想要的招數弄清楚。當我們看穿了他們的計謀，就知道他們會如何操縱我們。

然而，操縱技巧多不勝數。我只列出幾個最常見的技巧，並描述每一種技巧的方法。這些技巧看起來可能不是特別困難，但想像一下，如果病態人格者一次使用兩至三種，甚至全部都用上的時候，後果將會非常可怕。

奇怪的是，大多數病態人格者和其他操縱者都使用類似的手段來達到目的。他們似乎天生就知道如何搞破壞。世界上關於病態人格者如何操縱周遭人的報導，在描述上可能有所不同，但當你了解他們使用的操縱手法後，會發現全都如出一轍，相似度高的可怕。甚至有時候讓我覺得，是否有某個地方專門在傳授這些特殊的犯罪手法。

1.反覆無常的「正增強」

這是指病態人格者有時給予對方強大的正面增強，有時則不提供，讓對方「感覺良好」的手法。若要控制對方，這是非常有效的策略。利用這種策略，操縱者就能要對方做任何事情。

試想一個吸毒者，他渴求特定的毒品，一旦得到毒品，馬上就覺得好多了。不久後，他卻感覺更糟，需要更多的毒品來滿足毒癮。如果得到毒品，吸毒者就會陷入惡性循環中而不可自拔；沒有得到毒品，整個人會變得非常痛苦。這就是為什麼吸毒者會為了得到毒品，幾乎無所不用其極。由此可知，持有毒品的人可以控制吸毒者的一舉一動。世界上每一個販毒者都非常清楚這一點。

我們都在尋求別人的認同，這是人性使然。因為我們是受情緒支配的生物，所以有些東西可以讓我們感覺很好，反之亦然。

反覆無常的正增強對自尊心較弱的人非常有效，所以如果你是屬於需要聽到人們稱讚你做得很好，或者聽到主管說你很聰明時會喜出望外的話，就要特別留意。我必須承認我就是屬於這類人。並不是因為我從中可以獲得很大的好處，而是當我從我所信賴的人身上得到正向的反饋意見時，確實會感覺很開心，這意味著我很容易受到正增強的影響。

在一項針對實驗白老鼠的科學試驗中，實驗人員安排了一間黑屋和一間白屋。黑屋只有一個特點：有一扇白門。當一隻老鼠被放進黑屋時，牠繞了一會兒，直到發現了白門，並且進入白屋。白屋裡有一片乳酪，老鼠狼吞虎咽地吃了起來。牠嘗試三次，才縮短從黑屋走到白屋的時間。每一次走進白屋，牠都會得到一片乳酪作為犒賞，這便是正增強。只要牠了解了這道理，就會做出同樣的舉動。

但我們不是實驗白老鼠，對吧？

讚美就像毒品，會讓人渴望更多

假設我在工作上很少獲得別人的讚美和正向的反饋意見，聽到的通常都是被指責的事。

當然，大多數的主管都不太可能給予部屬讚美，大部分的時間都在批評。不過，他們不一定是心存惡意，根據我的觀察，主要原因是他們不會當主管，從來沒有想過讚美也是提升領導力中最重要的一環。

回到原題，現在我找到了一份新工作，並且得到新主管的讚美。她立刻看出我的特質，讚美我動作快、有活力、有創意、工作勤奮，還有其他十五項我也能引以為傲的事情。我終於得到別人的認可，總算有人看到真正的我，讚賞我的努力。真的是太開心了！

這個主管的讚美會如何影響我的行為呢？這讓我想要更努力、更有效率、更有創意、更賣力地工作，以獲得更多愉快、正向的反饋。在短短的幾個星期裡，因為主管的讚美，讓我覺得自己在工作上更加如魚得水，也覺得這是目前職涯中最歡樂的時光。這樣的情況持續了好幾個月。

然而，突然從某天開始，主管變得異常沉默，我得不到任何正向反饋。我好不容易受到讚賞而奮力工作，卻突然面對主管的極度沉默、沒有反饋、沒有關注，她也不回答我的問題，從她的表情判斷，感覺好像我根本不在場一樣。

要是你會如何反應？我會感到極大的壓力。到底發生了什麼事？我一定犯了某個嚴重的錯誤，以至於讓主管突然無視我。我該怎麼辦？我應該更努力地獲得正向的反饋。但是整整一個月，我沒聽到她說了什麼。我開始懷疑自己的能力。難道是我誤解了嗎？還是其實她早就對我不滿？

之後，主管突然又要我去找她。稱讚我所做的一切。當場我因為情緒激動而不知所措，踉蹌地走出她的辦公室，為再次受到主管的讚賞而喜出望外。一時之間，我忘記了這一個月有多難熬。或許我還會指責自己對主管的態度太過敏感。

甚至我還會在內心為主管先前的沉默辯解。主管前陣子沒有看到我所做的事情，是因為她承受了不少壓力，職務繁重，又怎麼可能隨時掌握每個人的工作進度呢？更糟糕的情形是，我可能會開始質疑自己的工作品質。也許不像自己想的那麼敏銳。主管會保持沉默，原因可能與我做得不夠好有關。這全是我的錯。

當你讀到這部分時，你可能會認為我根本不應該如此渴望得到關注。難道我不能更獨立自主嗎？或是從其他方面要求反饋？如果我們是具有邏輯思維的動物，確實可以這麼做。但問題是現在我已經習慣了主管的讚美，當讚美消失時，我就變得猶豫不定。一旦失去了某種東西，我就想要找回它。

簡單地說，讚美是一種激勵因素，能使我前進，一旦失去讚美，就會陷入空虛。這就如同孩子一樣。他們為了得到父母的認可，什麼事都肯做。他們甚至寧願被父母大吼，也不願父母都悶不吭聲，這樣他們才知道父母在乎他們。大人的行事方式基本上跟孩子一樣，只是層面比較複雜。說穿了，我們都依賴認可。認可就像某種毒品，我們沒有它不行。

沉默背後代表的意義

現在，如果主管要我做一些我可能不想做的事情，我就會考量做這件事是否會得到稱讚。因為我做這件事，就可以得到她的讚美，還能讓我的感覺很好。後來，主管漸漸讓我處理以前從未接觸過的事務，內容包括代理她的管理職務，以及在法律上有疑慮的事情。

然後，主管再度進入沉默模式，對我在會議上的發言嗤之以鼻，完全無視我。透過這個策略，她直接把我送上一個大型的情緒雲霄飛車。請記住，高明的操縱者喜歡讓人產生不安全感。這符合他們的目的。她可能想要求我做一些不適當的事情，或者要我更努力工作但不應要求任何回報。她一點一滴地改變我的行為，以便讓我做一些從未做過的事情。

假使以上案例是發生在親密關係中，操縱者完全掌握了權力。當我們想留住對方的愛時，會願意為他做任何的事情。

四色性格者的應對方法

如果你的主要性格是紅色，上述主管的作為可能會讓你生氣，對你來說，這是個非常可恥的行為，你可能會想讓主管下地獄。你不太需要別人的認可，你非常清楚自己能做什麼和不能做什麼，特別在工作方面更是如此。不過，你對別人的態度並非完全不敏感，所以如果你發現主管的操縱手法，可能會提起勇氣去質疑她的行為。當然她會馬上否認這一點，接下來就看你想如何解讀這件事。

同樣地，如果你是藍色性格者，你會有自己的方法來評估你的工作。你知道自己在工作上表現良好，甚至認為自己的看法才是最重要的。此外，你對讚美總抱持著懷疑態度，太多的「討好」根本無法打動你。然而，這並不代表紅色和藍色性格者對這種卑鄙的手段可以完全免疫，只是操縱者在使用前述的手法時，需要花較長的時間醞釀。由於紅、藍這兩種顏色的人格特質是任務導向，他們對於與主管建立良好關係的需求，不會像其他人那樣強。

如果你的主要性格是黃色（包含黃綠、黃紅、黃藍色等兩色組合），那麼你有很大的可能會受到這種手法的嚴重傷害。因為從一開始你就仰賴別人的認可，特別是你喜歡被人公開稱讚，也很享受獲得認可的愉悅感。

不過，有人對此採保留態度。我在工作中遇到的許多黃色性格者都否認這個特性，他們知道黃色可能被視為自我中心和幼稚。一般人會認為成年人應該要對自己負責，即使沒有得到主管的讚美，也應該要全力以赴。但我會建議你要對自己誠實，你最清楚自己受到讚美，和突然遭到冷落時的感受。特別是當你沒有從你最重視的人那裡得到認可時，你會更容易感到受傷和脆弱。面對事實吧。

純黃色性格者會主動從別人的表情中尋找認可，但是他們有自己的原則。假如他們最希望得到主管的稱讚的話，那麼主管的意見就相當重要，這使得黃色性格者對主管之間的變化相當敏感。

「讚美→沉默→讚美→沉默」黃色性格者或許會和同事討論這件事，但若只是未獲主管稱讚就表現得患得患失，實在也太小題大作，所以不太能確定黃色性格者是否會討論這個主題。他們很可能會保守祕密，因為他們之前已經向外散播「新主管對他們有多滿意」的說法。

黃色性格者也不會有勇氣來對抗主管，尤其是黃綠色性格者。一想到有衝突的風險，就會使他們在工作場所感覺不自在。漸漸地，他們將陷入沉默。

綠色性格者對於主管的態度也很敏感，只不過他們是從一開始就默默忍受。首先，他們絕不會與主管對抗。與黃色性格者的情況相比，問題並不大。純粹是因為從一開始運用正增強的方式錯了。對想要成為矚目焦點的黃色性格者來說，被公開稱讚會是件好事。但如果主管沒有真正了解綠色性格者，而在整個團隊面前大聲讚美他們，將會是非常尷尬的情況。綠色性格者擔心其他人的看法，反而沒有公開表揚，才能正中他們的下懷。不過，當主管了解到綠色性格者會因為私底下的讚美而受影響，若有心的主管一旦使用正確的正增強方式進攻，他們就會無法招架了。

因此，在大多數情況之下，正增強是一個可怕的武器。因為操縱人心的主管最初先讓受害者習慣擁有歡樂無比的愉悅感。當這種感覺消失後，受害者就如同身處地獄一般，痛苦不堪。跟這種主管一起工作的人，最後會經常請病假，或者因為無法負荷精神壓力而辭職。此時，主管便會尋找下一個受害者，直到他們身邊只有唯唯諾諾的人為止。

2.愛情轟炸

使用這項手法的操縱者會攻擊一個與他們關係密切的人，例如他們的伴侶。受害者會囊括所有顏色的性格者，特別是之前從未經歷過真愛的人。

多年來心理學家用「愛情轟炸」（love bombing）一詞來形容這種非常陰險的策略。病態人格者非常擅長使用這種極為有效的武器來對付他們聲稱自己最愛的人。

病態人格者非常具有吸引力，並且知道如何運用這項特質。他們一開始會認真且毫無隱藏地宣布你就是他的真愛。比方說，你的約會對象在一次浪漫的晚餐（但餐費是你付錢）中坦誠地告訴你，在她漫長的一生中，你是她所遇過最不可思議的人，很想和你共度餘生。這女子說出了你非常引以為傲的所有優點，並表示欣賞你的個性。你從來沒有聽過有人會如此讚美你。

你能抗拒她嗎？根本沒辦法。如果你是紅色性格者，老是聽到別人說你有對人際關係有點冷感，但現在那女子似乎絲毫不介意這點；如果你是黃色性格者，別人總是批評你愛搶著說話，現在你遇到一個心靈伴侶，她只想聆聽你說更多有趣的故事，而且還笑到合不攏嘴；如果你是綠色性格者，對方會表示她最喜歡的類型是擁有安全感的堅強沉默者；至於自認有點傳統和無聊的藍色性格者，現在對方可能會說，你縝密的思維能力實在超級性感。

當你身為旁觀者時，可能會覺得這些情況聽起來似乎沒什麼，但想像一下，如果你聽到自己心儀的對象說你是上帝最棒的傑作，他們從早到晚向你獻上小禮物、鮮花、示好、溫暖舉動、親吻、讚賞，這感覺絕對不一樣。我們現在談的是情感，所以就別談什麼邏輯了。你根本無法抗拒對方。

問題是，病態人格者所做的全部事情，只是為了要打擊你之前的準備動作。在某天，可能是半年或一年後，以上的愛情轟炸行動會突然停止，殘酷的打擊便迎面而來。時間長短取決於病態人格者的計畫有多長，也可能取決於你付出的能力多寡。現在也許你們已經結婚，更糟的狀況是她還懷孕了。這時你能做的就是照著她的計畫走，沒有機會翻盤了。

那天，她沒有回覆你在答錄機上的留言。以前她總會在某個時候來電，現在卻連一通電話也沒有。以前你們散步的時候，她通常會握著你的手，現在這隻手放在她的口袋裡。或許她突然對另一個人熱情地微笑，刻意讓你感覺不好，但如果你詢問她，她會嚴正否認。你們整整一個星期沒有親熱了，以前根本不曾發生過這種事。而且她會突然批評她先前稱讚你的某些地方。

如果你是紅色性格者，可能會聽到對方說，你每次都要求她按照你的主意行事，而且你總想掌控一切，使她透不過氣來；黃色性格者會被指控為過於愚蠢和懶散，從不好好聽對方的話；綠色性格者則被指責為太過被動和膽怯，並且永遠宅在家裡；藍色性格者可能會被嫌棄個性沉悶乏味（但坦白說，他們真的很無趣）。

此外，你也可能會面臨到對方的終極冷戰，這在親密關係中是相當令人難受的，也很難處理。慢慢地，情況會變得更糟。但有時候她會給你一些甜頭讓你開心，也就是正增強。你們會突然度過一個浪漫的週末，她會滿足你所有的需求，讓你覺得生活再次變得更美好。你的伴侶又回到那個你所渴望、欣賞、愛慕的人。你對她還是有意義的！直到她再次沉默為止，一旦她又對你冷漠，你便會陷入痛苦的輪迴，而你已經坐上她為你打造的情緒雲霄飛車卻不自知。這時候不管她向你提出什麼要求，你都會想盡力滿足她。

在信任中也保留存疑的空間

你該怎麼避免成為愛情轟炸受害者？如果你對自己不愉快心情的原因一無所知，可能你也無法解決它。但現在你已經具備一點知識，有一些事情是你可以做的。

像往常一樣，要「保持冷靜」。

「如果事情聽起來好到一點都不像是真的，那通常就不是真的。」請把上面這句話至少唸三次，並把它寫下來，放進錢包裡隨身攜帶。

你知道如何結交新朋友對吧。當你決定要不要交這個朋友，不需要花太多時間，因為我們心中存在一種主觀的看法，要嘛喜歡，要嘛不喜歡。想一想，是什麼原因讓你願意去相信一個人。一旦你開始相信一個人，就會聽他們的話。所以你需要觀察，是什麼原因讓某個人能取得你的信任。因為當你決定對方可以信賴的時候，將會認為這個人所說的一切都是真的。

看看希特勒的例子。他贏得德國人民支持的方式，就是他說了人民想聽的話，進而得到他們的信任。然後，他一點一滴地開始執行他的長期計畫。如果希特勒一開始就試圖透過攻擊波蘭和擺脫所有猶太人而取得權力，他將永遠不會成功。

但是信任不應該是永久的。即便你信任某人，你也不應該全盤接受他們對你所說的話或所做的一切。就算你正在和你信任的人互動，也必須把每一項行為分開來看，並鼓起勇氣質疑任何看起來很奇怪的事情。意思是如果你覺得他的行事方式不太對，大可以質疑對方的可信度。

信任的三個先決條件

簡而言之，我們可以說信任建立在三個因素上：可預測性、可靠性和確定性。

- **可預測性（predictability）**：是指你可以預測伴侶的性格，這與不可預測的行為形成強烈對比。不可預測的行為包括反覆無常的正增強，像是態度從滿滿愛意突然變成極度沉默，或者前一天才稱讚的事情，隔天卻馬上成為被惡意批評的焦點。當你伴侶的態度經常變來變去，你就要仔細觀察，背後或許有其他原因，他們可能並非想操縱你。不過，請記住躁鬱症是一回事，病態人格又是另一回事。

- **可靠性（reliability）**：這是用來判斷你的伴侶一直以來是否都誠實可信。你是否感覺自己不能真正依靠這個人？你需要從哪些事情來支持你可以一直信任對方下去？對方是不是只有前幾個星期可靠，之後就卸下偽裝，露出真面目？如果有以上疑慮，那麼對方就不值得信任。相反地，如果對方和你同甘共苦，經歷過風風雨雨，卻一直支持你、保護你，使你不受世上的邪惡侵擾，你就會覺得對方相當可靠。

- **確定性（Certainty）**：這並不是指你的伴侶必須是個有求必應的人，重點在於你相信伴侶會滿足你的需求，他表現深情和支持的態度，不是只有維持幾個月，而是永遠。但病態人格者沒有太多的耐心，所以他們不會永遠偽裝下去。

你可能犯下的重大錯誤是，當你在決定你的伴侶是否值得信任時，是根據他們早期的行為來作判斷。在檢視上述三個部分時，是以現在的他們，而不是去年或結婚前，甚至是對待你父母親時的他們的狀況來判斷。因為你伴侶的行為可能相當完美，病態人格者會作好萬全準備，萬一你們的關係在某個時候觸礁，他們會讓你看起來像是關係中有錯的一方。

你所觀察到他們的行為值得你信任嗎？高明的操縱者善於獲得你的信任，但他們其實無法保有這種信任太久，他們一有機會就會轉向負面的行為。千萬不要上當了。

事情會一再重演，馬上離開！

一旦你看穿了病態人格者或操縱者的詭計，最重要的是立即行動！如同妻子遭到丈夫的家暴時一樣，因為只有最低劣的男人才會打女人，第一次被打的時候就要馬上離開。我從未聽過被家暴的女人只會被打一次，之後就會停止。那種情況根本不可能發生。對方會再次打她，所有的研究也都顯示出這點。

這同樣適用於心理操縱。如果你的伴侶會以愛情轟炸操縱你，你可以百分之百確定事情絕對會重演。如果病態人格者或有病態人格特徵的人可以成功操縱你，以得到他們想要的東西，為什麼他們不會再這樣做呢？簡單來說，如果一個小偷在地上發現了一張五百克朗的鈔票（相當於台幣一千九百元），撿起來放進自己口袋，傍晚就拿了這張鈔票去城裡狂歡，當他在地上又發現了一張五百克朗鈔票，他是不可能不去撿那張紙鈔的。操縱人心和撿紙鈔這兩件事的心理是完全一樣的。正如俗話說：「上一次當，學一次乖。」

如果你發現有人正在操縱你，請立即遠離他，這才是唯一正確的事情。

你必須像紅色性格者一樣行事，釋放你的真實情緒，並迅速地行動。不要再讓你的伴侶如此對待你，使你身心俱疲。你必須知道，當你長期感到不安、不快樂、擔心或生氣時，你可能已經陷入對方的愛情轟炸的戲劇中，且難以看穿對方正在進行更大一場遊戲：病態人格者的長期操縱計畫。

請記住病態人格者沒有任何正常的情緒，只是假裝有這種情緒，當他們不再假裝時，我想你已經知道該怎麼應對了。死守這個不正常關係的人，實際上是脆弱的一方。病態人格者完全不在乎你，為什麼你還要把時間浪費在他們身上？你的價值比你想得還要珍貴。

3. 負增強

可能有人認為，高居負增強清單頂端的會是批評和普遍質疑，對吧？但專家在進行檢視、調查和研究心理機制後表示否定，而認為蓄意操縱是一個可能的參數，清楚顯示了人類的心理。

操縱者透過負增強的手段，在你開始做他們喜歡的事情時，便停止對你做你不喜歡的事情。而這也產生了一個效果：往後你將會聽從操縱者的指示行事。

順我則生，逆我則亡

還記得前述的黑白屋的白老鼠實驗嗎？研究人員當然也測試了另一個變體：負增強。俗話說：「勿斬信使」，也就是不要因為接到壞消息就殺害傳遞訊息的人，研究人員沒這樣做，但是將黑屋的地板通電。當另一隻老鼠被放進黑屋時，牠彷彿發狂似地跳來跳去，直到找到白屋的入口，並且因此能夠逃出酷刑室般的黑屋，進入白屋，白屋雖然沒有任何乳酪，但也沒有會造成輕微電擊的地板。這裡的獎勵不是一塊乳酪（正增強），而是避免腳下有電流通過（負增強）。

假設在職場中沒有明文規定寫週報表的方式，但你未按照主管喜歡的方式撰寫，主管就會公開數落你，並對你的工作提出質疑。只要你換成他想要的格式，批評及質疑就會瞬間停止。或者，如果你在會議上質疑主管的陳述，主管就不會要你參加下一次會議，他會排擠你、無視於你的存在，直到你認同他並加入聽話者的行列為止。

在親密關係中也是同樣複雜。比方說，如果你想在星期五晚上和閨蜜們一起出去，男朋友就會大發牢騷或與你爭吵，直到你打電話取消聚會，他才轉怒為喜。或者，他試圖讓你做一些你不喜歡的性愛姿勢，而你不願照做，也許接下來兩週他就不會再跟你有親密接觸，這當然不會讓你感覺有多好。

負增強的策略既簡單又有效。你會一直接收到負面訊息，直到你屈服，按照他們的指示去做為止，然後一切又會恢復正常。請記住我前面曾說的可預測性、可靠性和確定性。在這裡同樣適用。

道理真的很簡單。操縱者知道你最終會讓步，然而一旦你開始讓步，你很可能以後會繼續這樣做，而你的人生將開始由別人來塑造了。

把話說清楚，講明白

與前述的正增強的例子相同。你需要看穿真相。如同往常一樣，我們周遭有伴侶和主管試圖影響我們；那是理所當然的。有時只要你了解他們行為的目的是什麼就足夠了。如果對方只是無意欺騙你的正常人，你可以與他好好地溝通，以釐清你們的關係並繼續前進。

但操縱往往在不知不覺中發生。當你發現哪件事有效，你就會繼續做下去。因此很多人不會意識到他們對其他人會造成什麼樣的傷害，但是當你有所醒悟並指正出來時，一切都會改變。

不用擔心把話說講開的結果，只有這樣做你才能知道你面對的人是不是病態人格者。如果對方是病態人格者，他會把一切都歸咎於你。你不能改變對方，但你可以為自己承擔責任，換工作、離婚、轉身走人。

4.製造煙霧彈，以轉移目標

「你像往常一樣反應過度！」「你情緒太不穩定了！」「你沒看到你造成的混亂嗎？」

高明的操縱者幾乎什麼事情都可以說，以擾亂實際情況。他們的目的是把問題的焦點轉回到你身上，變成是你的問題，其作法通常是挑起你的情緒。

比方說，當你懷疑你的伴侶出軌，你可能是在非常平靜的狀態下想談論這件事。然而你的伴侶卻不談出軌的問題，完全否認一切，並將焦點轉移到你身上，談論你的錯誤和缺點，比如你的煩躁不安或嫉妒之類的情緒。他們可能會說這些缺點讓人厭倦。他們這樣說的目的只是要引發你更多的自我懷疑，而你就會開始納悶，這究竟是不是你的錯。

或許你手上握有對方出軌的證據，比方說你從他的手機上看到某些東西才起疑心。由於大多數病態人格者都是性濫交者，因此你只能用你找到的證據來和他對質。然而，現在對方卻把焦點轉成你未經同意就拿他的手機，他嚴厲責備你因為不信任他而偷看他手機，並聲稱你犯了一個非常嚴重的錯誤。特別是在病態人格者檢核表上得分很高的人，是最深不可測的人，他們也同樣會把問題的焦點轉移到其他事情上。

當你被捲入令人困惑的情境時，你必須知道普通規則已不再適用。

模糊焦點的指控

一年前，一位女士告訴了我她的親身經歷。她的丈夫總是缺錢，儘管他的薪資相當優渥，但是他的銀行帳戶依然空空如也。他不僅用光了他們共同戶頭裡的錢，甚至還用光孩子儲蓄帳戶的存款，而且他每次出門都忘記帶自己的錢包，從不理會自己的財務和家庭開銷。事實上，法警正在追查他。

當這位女士看穿他時，他徹底改變策略。

他的丈夫站在孩子的房間外面，開始對她大喊大叫。他大聲說，他賺得的一切都用在她和孩子身上。難道她不想幫大兒子買運動器材嗎？或買給小兒子電腦？實際上這位女士才是支付一切費用的人，但是她的丈夫卻大聲指控她吝嗇和嫉妒，使她完全迷失了問題的焦點是在他的揮霍無度。

她突然發現，即便她在孩子面前總是支配一切，現在也得為自己辯護，以反駁對方指控她不想讓家人擁有任何東西。但問題並沒有就此結束。她丈夫繼續大聲說，她不在乎孩子，不了解他們，而且她是冷酷無情的母親，永遠只關心她自己！

這與他揮霍無度的事實有什麼關係？事實上兩者根本毫無關係。

因為她丈夫不想談論他從共同帳戶中偷走很多錢，反而把焦點轉移到她為自己購買名牌手提包和衣服的事情上。他的丈夫指控她不讓他購買最基本的新襯衫，並且走進她的衣帽間，拖出她買給自己的衣服，向她大喊說她總是放縱自己過好日子。

丈夫說的話是真的。她確實對自己相當不錯，她有時會用自己賺的錢買些好東西。但是那跟他花光要用來支付貸款的錢有何關聯？買東西的錢和花光要用來支付貸款的錢根本是兩碼子事。他甚至還指責她不關心孩子，因而刺傷了她作為人母的心。

這令她徹底迷惑，並使她採取防守態勢。而他丈夫卻可以繼續用盡家裡的經濟儲備金。至今沒有人知道他用這些錢做了什麼。

保持冷靜，把爭論拉回正題

無論你是哪種顏色的人，你或許也會面臨到和這位太太一樣的處境。紅色和藍色性格者可能覺得狀況還算好應付，但如果牽扯到孩子就很難說了。每個人或多或少都會受病態人格者的影響。發生類似情況時，你需要保持冷靜和理性，並觀察對方行為上的怪異之處，更要勇於跟對方對質。

你可以說：「我發現你改變了談話重點。我們能先講完剛才談的事嗎？」或「當然，我們可以談談你對我個性的看法，但首先我們要談的是為什麼錢不見了。」或者是，「你為什麼對我大聲說話？請不要再大吼大叫，這樣我們才可以談論你想要講的東西。我無法忍受你的咆哮。」

最簡單的作法是，在有其他人在場時討論問題。例如，在一家餐館，或在你覺得可靠的人面前，這個人可能是你們都認識的人。當有第三者在場，就代表病態人格者若想轉移話題，就會出盡洋相。

問題是，病態人格者最可能將這種技巧與其他許多事情結合，特別是他們在罵你最在意的缺點時，你會本能地退縮。就像大多數人一樣，這會讓你感覺非常糟糕。

5.拿你的感覺反擊

除了製造混亂和轉移問題焦點之外，還有另一種方式：拿你的感覺反擊。這個策略也是為了把你的注意力從真正應該談論的事情移開。

策略是針對你最敏感的地方，也就是你不太自豪之處施壓。明顯地，操縱者絕對會占優勢，人的情緒很難處理，激動的情緒更難處理。病態人格者知道這一點，所以他們會讓你情緒失控，以至於無法聚焦在真正的問題上。

如果操縱者是男人，他可能會說：「你是不是經前症候群發作了？」這就是典型的支配技巧。他會簡單地說一些激怒你的話，讓你情緒失控。

用挑釁方式激怒紅色人

有人可能會認為，侵略感十足的紅色性格者不好對付。但如果操縱者很熟悉他們的個性的話，就不是這麼一回事。紅色性格者的缺點是處事不夠圓融，而且相當具有攻擊性。有自知之明的紅色性格者當然知道，他們老是對芝麻小事發脾氣時，會如何影響他們的親人。

策略有兩種方式。一種是操縱者試圖挑釁紅色性格者，讓他們生氣。由於病態人格者無感，當對方暴怒時可以毫不費力地應付，並指責說：「你看！你現在又大呼小叫了，你老是在抓狂！」這顯然是病態人格者的策略。之後談話主題便轉向為紅色性格者的侵略性，而不是操縱者所做的事情。

另一種反向操作也管用。如果操縱者知道紅色性格者有自覺情緒失控是不對的，而且自己亂發脾氣只會導致雙方談論的問題失焦，那麼他就會改說：「你現在不是準備要開罵吧？你又要發脾氣了嗎？你很快又會像往常一樣直接對著我吼叫……」

聽到這些話，紅色性格者決定不掉入陷阱，忍住怒氣，這要費上九牛二虎之力，而這股壓力令人痛苦不堪，會得到某種心理上的內傷。要避免自己跟著本能走，需要付出很大的努力，這幾乎就像在傷害自己。

先發制人對付黃色人

如果受害者是黃色性格者，情況看起來會有些不同。如果操縱者要利用第一種策略，會故意鼓勵某種行為，他們會說：「現在你又要開始嘮叨不休了嗎？沒有人會去了解你在講什麼啦。為什麼你老愛談論你自己？但願你能學會少說多聽。你從來都不聽我說話！」

這是針對黃色性格者的缺點：總是以自己為中心，不聽別人說話。他們聽完操縱者的話後，可能會開始愈講愈大聲、愈快、愈緊張，內容又不連貫。這時候操縱者便冷靜地回覆：「我說的是什麼？你說的又是什麼，而且還在談你自己！你只在乎你自己而已！你這個利己主義者！」

另一種策略有點像紅色性格者的情況。「你就不能冷靜一次，讓我講句話嗎？」若搭配眼淚，效果可能會非常好。黃色性格者知道自己很容易把一切事情都轉到自己身上，所以他們現在變得沉默，避免跟著直覺行事。這有點像慢慢讓一個人窒息。如果黃色性格者不能用拚命說話的方式來宣洩沮喪之情，他們要怎麼化解呢？他們會將一切都往肚裡吞，壓抑情緒。

刻意攻擊致命傷指責綠色人

綠色性格者相當敏感，所以作法完全不同。如果操縱者和綠色性格者一起生活，想對付他們其實相當容易，還不至於說綠色性格者是最容易被人操縱的類型，因為他們的個性原本就很隨和，非常願意配合別人。不幸的是，這特質往往很容易會被操縱者利用。

我發現很難對綠色性格者提供反饋意見，感覺他們動不動就生氣。你得小心避免冒犯他們。所以怎麼會有人故意去針對綠色性格者呢？

不過，病態人格者才不會在乎她的綠色丈夫，或他的綠色妻子，他們只想占盡對方的便宜罷了。因此操縱者會說：「你從來都不說任何一句話。你太懦弱了，一發生什麼事情就退縮。我受夠你總是拒絕討論任何事！你還算不算是個男人？」

以上描述的確實是事實，而且這批評可能會導致大多數綠色性格者一蹶不振。操縱者正是要鼓勵這種行為，讓綠色性格者退縮到自己的世界裡去，也許還潸然淚下，內心裡充滿了挫敗感，有太多話想說卻說不出口，因為他們太害怕衝突了。

但是要讓綠色性格者違背本性行事，也並非不可能。高明的操縱者可以讓綠色性格者情緒波動，乃至於情緒失控，開始大吼大叫。結果綠色性格者會把許多不滿、委屈毫無保留地傾瀉而出，甚至是多年來令他們沮喪的事情。他們說出來的話可能很難聽，怒氣也會持續一段時間，這卻給了操縱者很多可利用的寶貴資訊。

之後，綠色性格者會對自己脫序的行為感到羞愧，並向對方道歉。這時候，操縱者正好可以反過來扮演「受害者」，形勢轉為對他們有利，便趁機要求綠色性格者補償。「你怎麼可以講話這麼刻薄？我好可憐啊！你必須得付出代價！」

動用眼淚攻勢打趴藍色人

操縱者要攻擊藍色性格者其實很簡單。只要戳藍色性格者最敏感的點就好了。雖然這職場上會比較難實行，但有一種可能奏效的方法是，設法讓他們處在不自在的情況中。比方說，讓他們跟黃色性格者合作一項專案，或者讓他們毫無準備上台向全公司報告最新專案。甚至在上台之前跟他說：「我不想聽到你以前報告的那種枯燥乏味的東西，那聽起來令人火大。現在我要的是不要太多術語、帶點幽默的報告，你明白嗎？現在快點準備上台！」

當然，藍色性格者並不缺乏幽默感，但期望他們瞬間成為談笑風生的報告者實在是強人所難。他們會上台，但可能變成胡亂報告。藍色性格者會因為要改變自己，而裹足不前。簡報甚至會比以往更枯燥，因為他們不可能像黃色性格者一樣自然、有趣。事後主管會因為他們總是這麼乏味而不斷批評他們。

不過，藍色性格者可以應付這種情況。因為比起其他人，藍色性格者覺得與同事或主管的關係並沒有那麼重要，但在親密關係中，他們和其他人一樣脆弱。

比方說，藍色性格者的妻子想讓他做一些他根本不想做的事情。假設她想去巴黎度個浪漫的週末，而且預計會大肆採購，買很多昂貴的東西。根據經驗，藍色性格者知道妻子一定會「忘記」帶她的信用卡。因為妻子選擇了最昂貴的飯店，住宿費相當於整整一個月的薪資，因此妻子會希望他能夠包辦剩餘的所有費用，當然藍色性格者馬上就繃緊神經。

經過第一次討論後，藍色性格者的肚子有點疼。而他妻子知道他會如何回答，所以要求他不要拿出他的計算機檢視費用。她要求他妥協，就這麼一次就好。因為他愛妻子，便答應了對方。當她一口氣說出她所有的要求時，他算了一下費用（他可以心算）。最後他告訴她這樣花費太多，並不可行，不過妻子打算按照原先的盤算行事：指控他沒有感情。他怎麼能對她這麼冷酷？如果他愛她，他應該要給她一次這樣買東西的機會。（事實上，他們每年都會像這樣旅行，今年也不例外）。

如果他還沒有屈服，她就會用連藍色性格者也無法防禦的武器：梨花帶淚說些感傷的廢話。一般要應付這種情況是很痛苦的。最後，藍色性格者無法忍受他妻子的情緒爆發，並開始打算他是否可以多加一點班，賺夠多錢，好花在他絲毫不感興趣的旅行上。

6. 戲劇三角形

戲劇三角形是一種非常無恥，但也最有效的手段。可運用在職場和親密關係上。方法是操縱者會在他、你，以及和與你無關的第三人之間創造一種情境。

在親密關係中，戲劇三角形如果與其他技巧結合的話，將會是一種非常可怕的武器。想像一下以下這個情況。你的操縱型伴侶極力稱讚你好幾個月（正增強），之後卻突然變得沉默。你很努力想要得到更多的讚美，卻一無所獲。相反地，他還給你很多意想不到的批評（負增強），例如與你一起生活很糟等。對此你感到困惑，而且感覺很差。他在春天時喜歡你的一些地方，現在顯然成了他批評你的點。還有，上週末你們正處於終極冷戰的狀態。

你非常沮喪，試著和你的伴侶聊聊，問對方是怎麼一回事。然而，他並沒有回答你擔心的問題，而是開始談論另一個人，一個你可能不知道已經存在的第三者。她可能是舊情人，或是他工作上剛開始合作的女同事。他整個星期都在講這個女人，心情愉悅地告訴你對方有多好，跟她說話多麼輕鬆，她對一切事情有多正向積極。他可能會把這個女人形容為一個與你截然相反的人物。如果你是黃色性格者，和他共事的女人會是藍色性格者；如果你是綠色性格者，又缺乏安全感，那麼他描述的女人會是紅色性格者，而且相當獨立又機靈。

這時，你應該會和大多數人一樣，心中的不安全感會高到破表，你比以往任何時候都更想要滿足對方的需求。無論他們要求什麼，你都會繃緊神經，極盡所能去完成。你可能會覺得這行為理所當然，自己確實需要付出很大的努力來維繫感情。而且每個人都說若想要感情順遂，就必須得更加用心經營。但是感情這件事不光是靠你一個人，得靠雙方一起努力才行。

如果你看完這段文字，意識到自己受限於對方建構好的戲劇三角形，而想跟操縱型伴侶對質，他們會否認一切，甚至說：「你根本在胡思亂想，嫉妒心太強了。你得想辦法去解決你的自卑問題。」

真正可怕的是，操縱者經常會把閒暇時間花在第三者身上，同時又用第三者來招惹你。病態人格者喜歡一時的激情和興奮，一點都不在意冒極高風險。比方說，他在你面前與第三者調情或親密來往，把你推往嫉妒的懸崖邊緣。如果你與他們對質，對方會說你這是在嫉妒，是你的自尊心在背後興風作浪，甚至對方可能把它拿來作為與你分手的理由，讓你認為這全是自己的錯。當然也有很多人會對伴侶缺乏信心，或是沒由來地亂嫉妒，但這是兩碼子事。有時候，問題純粹只是「你就是和一個十足的混蛋生活」罷了。趕快離開吧！

一般人都會受到戲劇三角形的影響

在健全的親密關係中，因為雙方都會努力讓彼此有安全感和自信心，因此不可能存在戲劇三角形。身為「正常人」的你可以打開天窗說亮話，讓你的丈夫了解到，你不想一直聽到他稱讚麗莎的優點。如果他也是正常人，他就會提醒自己也給真實的你一些讚美。

在親密關係中，我們全都容易受到這類操縱的影響。每個人都變得患得患失，如果心裡感覺不踏實，幾乎任何人都會感到嫉妒，這跟你的性格屬於什麼顏色沒有多大關係，因為我們都害怕失去自己所愛的人。不過，如果你能夠看到操縱者腦中在想什麼，你對他們的愛很可能會改變了。

職場中的戲劇三角形案例

職場上，戲劇三角形也有相同效用。對你有好感的主管突然對另一個人很好。新人強尼突然得到你之前曾獲得的好評。你想這個傢伙畢竟很聰明也富有同情心，所以沒有什麼好說的。

但是，你的主管可能是病態人格者或有病態人格特徵，所以他把你平時的一些任務交給強尼。看起來好像是主管想要減輕你的負擔，畢竟你工作很辛苦，但是重要的任務最後全到了強尼手上。你不明白這究竟是怎麼一回事，還問強尼：「你為什麼要做我的工作？」然而，他畢竟是新來的，並不知道那些原來是你的任務，所以你也不能怪他。

你去找主管，問問到底是怎麼一回事。主管說如果你不想一起幫忙訓練一位新同事，就是忘恩負義，並指出：「你怎麼能這麼自私？況且強尼手腳很快，你不覺得嗎？」也許主管意味深長地看了你一眼說：「畢竟有時候時間很趕。」你不得不承認，你的時間觀念不是那麼嚴謹，通常都超過最後期限，又或許有時候習慣修改不必要的事物。

此外，強尼做出來的成果水準非常高。當主管指出這一點，對你露出耐人尋味的表情時，你也開始懷疑自己也許不是那麼好。

會議上，主管讚美強尼，就像他曾經讚美過你一樣。他的舉動困擾著你，因為你失去了他的讚賞。加上他又結合其他操縱技巧，例如正增強和負增強，你的工作品質就會開始走下坡。或許你對於為什麼主管要這樣做並沒有興趣，他可能有他的理由。也許你太常質疑他而自食苦果，或者只是他對你感到厭煩了。

如果你的主管是真正的病態人格者，他不需要任何理由，會這麼做純粹是因為這樣能使他感到愉快。他可能會把你的工作交給一個他可以更輕鬆控制的人。也許他只是想看看能把你逼到什麼程度。病態人格者是會把人視為可以隨心所欲利用和丟棄的物品。

情緒失控的紅色人，正中操縱者下懷

在四種顏色中，紅色和黃色性格者受到的影響最大。他們天生具有相當強烈的自我，當他們的專業水準受到質疑時，情況都不太妙。紅色性格者是天生的贏家，非常容易被激怒，而且會立即表現出來，再加上如果他們脾氣暴躁，事情會變得很棘手。

紅色性格者會直接落入病態人格主管的圈套。他們可能會當場情緒失控，這確實不太專業，主管也一定會趁機把他們的憤怒當作武器，要求紅色性格者先冷靜下來。「你看看強尼的表現有多冷靜、多得體，為什麼你不能像他那樣專業一點？」

失寵的黃色人，會從此一蹶不振

黃色性格者的形象特別開朗與正面，如果他們失去在團體裡的地位，會立即感到不快。他們過去一向是大家求教的對象，但現在主管總是強調強尼，也許還同時散布有關黃色性格者不實的謠言，更強化大家對於「他們即將被打入冷宮」的揣測。這對黃色性格者來說無疑是一大打擊。

當黃色性格者忽然發現自己真的失寵，便會將所有的心思集中在這件事情上，情緒激動且不知所措，搞到無法工作。主管則會緊抓這一點，在大家面前批評黃色性格者工作散漫、延宕。當主管公開這樣說時，黃色性格者的心情更是跌落谷底，因為公開批評形同羞辱。對黃色性格者來說，失寵已經是一項沉重的打擊，現在他們又蒙受恥辱，自我形象已經崩解不堪了。

默默承受的綠色人，會抑鬱而終

綠色性格者則會有不同的反應。雖然打從一開始他們就不想成為焦點人物，因此避免得到大家太多的關注是好事。但另一方面，他們私底下仍會希望得到更多的正增強，所以一旦失去與主管私下輕鬆的談話機會時，就會開始擔心。如果綠色性格者原本就已經喪失自信心，現在更進一步會受到打擊。

差別在於，綠色性格者其實很少或從沒要求過主管任何事情，所以他們很難和主管對質並要求正向反饋，而且也根本不會想到要這樣做。綠色性格者害怕衝突，所以不會有太多反應。

然而，他們會找辦公室裡的盟友，也就是他們通常會吐露祕密的對象，這些人可能也都是綠色性格者。不過這些綠色盟友不希望主管對他們有不好的印象，或許會拋下那位可憐的綠色同事。綠色性格者不太喜歡在背後批評別人，在這種情況下，綠色性格者可能以為同事都在支持他，但實際上並非如此，他沒有察覺這些盟友們可能已經臨陣倒戈，也許已經站到強尼那邊。如果主管繼續採取相同的策略，例如給予交替的負面反饋，更會讓綠色性格者感覺非常糟糕。他們沒有魄力像紅色性格者和黃色性格者一樣選擇離職，畢竟他們已經沉默寡言很多年，所有的挫折都累積在心裡，因此最終可能導致工作倦怠、長期請病假，甚至出現自殺的念頭。

不在乎被孤立的藍色人，但卻在意工作品質被批評

藍色性格者比較不會有太大的反應。對他們來說，在團體中失去地位不是什麼大問題；在重大問題上沒有被徵詢意見，也不值得特別憂慮，畢竟他們知道自己想要什麼。如果他與團隊成員的關係變得疏遠，也不是什麼大不了的事。藍色性格者可以忍受辦公室裡流言蜚語，對於藍色性格者而言，即使病態人格主管成功地讓整個團隊都忽視他，轉而支持強尼也沒關係，反正他本來就跟大家不太熟。

然而，藍色性格者比較在意的是，他們的工作品質遭到質疑。主管會利用強尼來讓藍色性格者的努力看起來比較不出色，當他們情緒激動時，主管將會攻擊工作品質低落這點。藍色性格者非常介意被別人指責他們粗心大意、漫不經心、在例行工作中犯錯，這些是永遠不會發生在藍色性格者身上的事情，不實的指控會讓他們受到嚴重打擊，而變得更加沉默。他們以前是沉默寡言，現在則是不發一語了。

7.煤氣燈操縱（gaslighting）

這個操縱手法很有趣。「煤氣燈」一詞源自一九三〇年代影星英格麗・褒曼

（Ingrid Bergman）主演的一部電影《煤氣燈下》（*Gaslight*）。電影中女主角寶拉的丈夫一直試圖透過操弄周圍的事物來逼她發瘋，同時又否認自己做過這樣的事情，他不斷讓煤氣燈忽暗忽明，直到寶拉不能再仰靠自己的感覺，以為自己出現幻覺為止。因此，「煤氣燈操縱」指的是完全扭曲受害者看法的心理操縱手法。對操縱者來說，煤氣燈操縱是一種緩慢而進階的手段。

舉個簡單的例子

要練習煤氣燈操縱法，可以像電影中所做的那樣：移動某個實體。例如，牆上有幅畫掛的有點歪，聽起來並非是什麼大問題，但如果你把畫擺正，之後去看發現它又歪了，於是你去問你的伴侶：「你知道我從奶奶那裡得到的那幅畫嗎？每天它都會自動歪成某個角度！」你的伴侶聽了一頭霧水，因為他從來都沒有發現這幅畫有什麼不對勁。然後你們一起去看畫，但看到的都是正的。於是你可能會想是自己看錯了。但當天晚上這幅畫卻再度歪斜。在你開始納悶整件事是不是你的幻覺會要花多久時間？畢竟只有你一個人的狀態下才會看到這幅畫是歪的，那不是很詭異嗎？

當然，上述只是個簡化的例子，你不需要擔心你的伴侶會開始運用這種技巧。掛歪畫作一事，不至於能把我們送進精神病院，那只是煤氣燈操縱的說明而已。

接著我們來看看，在實際的情況下這手法會如何運作。

兩則讓你起疑的微妙例子

假設你和一位病態人格者一起生活。某天他告訴你，聖誕節他會送你最別緻的禮物。你大喜過望，馬上想這一定是你多年來夢寐以求的ＬＶ精美手提包。這個手提包的價格是兩萬五千克朗（約台幣九萬五千元），你不曾擁有過如此昂貴的東西。

之後，病態人格者會和你一起去ＬＶ精品店，然後你訂購了手提包，包包上面甚至印有你的名字，這個客製圖案縮寫要價兩、三千克朗（將近台幣一萬多元）。店員微笑招待你一杯頂級咖啡，當下你的心情好得不得了。不僅開心自己得到一只漂亮的手提包，更慶幸找到了你的夢中伴侶，他對你居然是如此的慷慨！

然而，等到結帳的時候，你才發現原來他根本身無分文。在腦筋一片混亂中，你看著ＬＶ手提包、你的病態人格伴侶和銷售人員後，最後不得不掏出你自己的信用卡來刷。如果你不自掏腰包付帳，這絕對會是個羞辱。在回家的路上，你小心翼翼地問他：「這不是你要送我的禮物嗎？」你的伴侶對你投以質疑的眼神，「你在說什麼啊？我怎麼可能買得起這樣昂貴的禮物？」

你百分之百肯定他之前已經答應你要買這個包包，但現在他卻說永遠不會做這樣的事情。你會開始懷疑自己是否真的誤解他。他看起來相當確信他是對的，而且以他的個性，確實也是不可能會買給你昂貴的禮物。所以到底是誰誤解了誰？

再舉另一個例子：某晚你的妻子盛裝打扮，要跟一群閨密出去。你問她為什麼之前沒有告訴你這件事，她回答說：「當然有啊！我上禮拜就已經說過了。」你可能會反駁這點，因為你肯定不會忘記妻子要出門的時間。但是，你以前的確也曾忘記過事情，畢竟人非聖賢，熟能無過。

總之，她說她要和安娜出去。

安娜嫁給你的好友，所以當時間很晚而妻子還沒有回家，也沒有回覆你的簡訊時，你打電話給好友，詢問安娜是否回家了。朋友回答說，安娜今天都沒出門，一整天都待在家裡。

什麼！怎麼會有這種事？你感覺這件事有點不太對勁，懷疑妻子是否和另一個男人去幽會。

等到妻子半夜回到家，你感到沮喪，並指責她對你撒謊。她根本沒有和安娜在一起！由於你的妻子是病態人格者，會辯稱她肯定不是說安娜，是安娜莉。但你非常確定自己聽到的不是安娜莉，而安娜莉又是誰？

現在你的妻子採取不同的策略。她連續攻擊你的弱點。如果你是紅色性格者，她會說你是從來都不聽人說話，是個麻木不仁的鄉巴佬；如果你是黃色性格者，她會說你只會考慮你自己，為什麼你不記得她朋友的名字；如果你是綠色性格者，她會因為你害怕衝突而直接對你大吼；如果你是藍色性格者，她可能會開始質疑你的記憶力，難道你已經變成老糊塗了嗎？

煤氣燈操縱背後的心理學

煤氣燈操縱的重點是使人迷惑。病態人格者在星期一說A，星期二說B，星期三說他們從沒說過A或B，一開始你還可以跟上對方的步調，但過了一段時間，你會分辨不清那些事情是他們有說過或沒有說過的，情況會變得混亂。不幸的是，煤氣燈操縱法若結合其他技巧會更有效。而且厲害的病態人格者會隨著時間來運用這項手法，從小地方開始，逐漸增加混亂程度。這個方法讓你不知不覺受到影響，最後無所適從。

讓我們再加進幾個人。你的病態人格伴侶對你說了A，但是對你母親或是孩子說B。當你之後告訴母親或孩子A的時候，被病態人格者操縱的他們會認為你說的完全是錯的。

在職場上若使用這手法是非常恐怖的。想像一下，一個病態人格的老闆想要資遣某個資深員工C，但想要他自願離職，也許他只是厭倦不聽從指示的員工，因為他會當眾質疑老闆，迫使老闆想試著摧毀那個人的人生。

老闆會故意使C混亂。比方說老闆指示不讓C參加特定的會議，當C發現沒參與到會議，便詢問老闆為什麼沒有得到通知。老闆說有吩咐別人去通知，其中一定是哪裡出錯了。C接著去找召集人，對方說老闆特別交待不用通知他參加會議。他又回去找老闆，老闆當然否認一切。如果C堅持查下去，可能就會發現自己被排擠。但假設老闆持續利用煤氣燈操縱的話，最後所有人都不會再相信任何人。

此外，厲害的病態人格者會同時使用多種技巧。很快地，整個團隊就會認為C真的是老糊塗了，他永遠在指控人，尤其是對這麼善良又富有同情心的老闆。C沒有人可以依靠，所有的「棋子」都站在老闆那邊。無論C是什麼顏色的人，都有可能身心俱疲，不得不請長期病假，甚至被迫自行離職。

煤氣燈操縱法是一種邪惡操縱手段。病態人格者總是在撒謊，這對受害者會造成永久性的傷害。

如果你周遭有人試圖這樣做，而且你能夠及時辨別出來的話，請務必迅速離開！因為你正在和一個心理不正常的人打交道，千萬不要跟他們有任何牽扯。

8. 終極冷戰

如果你的主要性格是綠色或藍色的話，或許不會那麼害怕沉默。在電視和廣播電台中總充斥著紛擾混亂的時代，內斂彷彿被人視為是一種缺點。但我也經常聽到別人說：「真希望他能安靜一下，就算一次也好！」

不過，若是處在心理學家所謂「被動式攻擊」的接受端，則完全是另一回事。包括被迫面對對方的冷戰，攻擊者不跟你說一句話，完全無視你到把你逼瘋。

基於你做過或沒有做過的事情，加上操縱者認為這樣的行為並不適當，他們會對你沉默、迴避，不理睬你，以懲罰你做出的事。凡是經歷過這種情況的人，都會知道我現在說的是什麼。

我以前曾有過一段關係，對方就非常頻繁使用這種技巧。雖然她並非是病態人格者，但無疑這是一種操縱行為。

想像一下，你和你的伴侶在某個問題上有衝突。無論誰對誰錯都不要緊，但是你的伴侶把冷戰當作是對你的一種懲罰，直到你屈服為止。她沒有問候，不說早安晚安，出門時也不說再見。肢體接觸？算了吧。如果你打電話給她，她也不會接，更不會回覆你的簡訊。如果你問她發生了什麼事，對方很可能只會對你投以極厭惡的眼神，讓你覺得自己像隱形人，並且充滿無力感。我可以向你保證，冷戰確實有效。這種令人不快的方法會引發你內疚和羞愧的情緒。

這跟平常的鬧脾氣不太一樣。冷戰對遭受忽視的一方來說是相當痛苦的。操縱者對你視若無睹，有好幾天都不說話，所以你會願意做任何事情，以求恢復正常生活。最有可能的情況是，你會帶著鮮花和禮物到她面前，只為了讓對方「看到你」。

一些心理學家將冷戰稱為「情感折磨」，聽起來似乎很誇張，但並非言過其實。中國有一種刑罰稱為水刑，聽起來不是太糟糕，卻可以讓一個人完全抓狂。方法是讓受刑人仰躺在盛滿水的桶子裡，桶子裡有一個水龍頭，每一分鐘就漏出一滴水。每一滴水掉下來幾乎讓人感覺不到，在水桶底下一小時可能不會太糟糕。但整整一週呢？遭受水刑的囚犯有時真的會發瘋。小小的手段，就可以對受害者造成巨大的影響，這正是冷戰實際運作的模式。

毫無疑問地，我有過多次成為冷戰的受害者的經驗，也深受其害，這種技巧與其他方法搭配起來非常有效。

像往常一樣，當你讓步並遵照操縱者的指示做事時，他們就會停止冷戰。解決辦法是與操縱者直接對抗，這樣也許可以阻止他們。

其他操縱手法

上面描述的是比較複雜的操縱手法，當然還有其他比較簡單的技巧，以下列出其中幾項，並簡要說明：

- **平時就在蒐集能攻擊你的線索**。

  在初期，病態人格者透露了許多關於他們自己的複雜細節，當中有真有假，這些細節鼓勵你們坦承自己的事情，但實際上也就是提供給他們日後會用來對付你們的事情，例如：以前我父親總是對我大喊大叫，所以我很討厭別人拉高嗓門。

- **把責任歸咎於受害者**。

  病態人格者若是與你相處時遇到挫折，便會找到一切責備你的方法。

- **間接的侮辱**。

  苛刻的批評，被隱藏在信以為真的關切背後，例如對方可能說：「我喜歡你穿那件洋裝，因為它讓你看起來超級苗條。」

・**暗示的評論或讚美**。

一種模糊的表達方式，模糊到你不知道他們是什麼意思，例如對方可能說：「你知道嗎，如果你去當妓女的話，真的可以賺很多錢！」

・**製造內疚感**。

指責受害者對操縱者很刻薄或不公平，例如對方可能說：「你怎麼敢指責我呢？虧我一直為你做所有事！」

・**說空話**。

病態人格者根本不在乎他們所說的話。他們可以順應情勢而隨意胡謅，例如對方可能說：「我愛你。」只因為這句話會使你暫時保持冷靜，並不意味著他真的愛你，因為病態人格者是不會愛人的。

・**對他們的特殊行為輕描淡寫。**

病態人格者會強力說服你，他們所做的事並沒有什麼大不了的：「那又怎樣，每個人都這樣做，對吧？但結果也沒有怎樣啊！」

・**說謊。**

要區分謊言和真話相當困難，但如果你注意到上述的一些方法，你就可以肯定，病態人格者在對你說謊。任何事情，任何時候，都可以說謊。千萬不可相信他們所說的事情。

・**不在乎你思考、感受和經驗的一切。**

例如對方可能說：「你不應該這樣想。」或者：「你一定是在開玩笑，那根本沒什麼好大驚小怪的！」

・施展魅力迷惑你。

不要忘了，病態人格者一開始會先迷倒你，會說些你從未聽過的事情，讓你感覺甚好而對他著迷。

・刻意忽略。

病態人格者會忘記從乾洗店取回你的衣服，或者忘記買你最喜歡的果醬，或者忘記從飯店打電話回家報平安……

・憤怒發飆。

如果你挺身對抗病態人格者的瘋狂，對方會開始大吼大叫，強迫你聽命於他。

・扮演受害人的角色。

儘管病態人格者不會為自己感到難過，但他們可以像其他人一樣扮演受害者的角色，例如對方可能說：「我太愚蠢了，我早該知道最好不要去借你父親的車子。看，它在停車場被人刮傷。你們一定都會對我發火！」

•將不合邏輯的事情合理化。

這是一種常見的防禦機制，但病態人格者卻是故意使用針對不合邏輯行為作出合理解釋，例如對方可能說：「本來所有的男人就會看色情片！」或者「抱歉我打了你，但是你激怒我的時候，我真的很生氣。」

•阿諛奉承。

這還需要任何解釋嗎？當有人稱讚我們的外表、我們的身材、我們的聰明才智、我們的品味時，我們都知道那是什麼感覺。病態人格者也知道。不要因此被騙了！

操縱別人的手法多不勝數，如果全部列出來，這本書就太厚了。想知道更多技巧，請參閱書末的延伸閱讀。那麼該如何避免被操縱呢？趕快翻到下一章！

第十六章

擺脫操縱的六大步驟

「她說，如果你開始擔心自己可能是病態人格者，如果你從自己身上識別出幾種病態人格特徵，而且如果你對此感到有些不安，那就代表你不是病態人格者。」

——強・朗森（Jon Ronson），《病態人格測試：經歷瘋狂產業的旅程》（*The Psychopath Test: A Journey Through the Madness Industry*）

並非所有愛操縱和行為不檢點的人都是病態人格者。有些人具有病態人格特徵，有些人只是沒有意識到自己的行為。他們可能有自戀問題、對自己的能力過度自信，或者往往說謊成性。例如許多人總習慣控制伴侶，不論是有意或無意的操縱。如果你碰巧遇到這類實際上並沒有病態人格，而是表現得像個混蛋的另一半的話，你可以採取什麼行動？你有兩種選擇：

反抗，或是迅速離開。

如果你判斷情況還有希望，這裡有些方法教你如何向對方攤牌或抵抗。你們現在的關係可能是脫離常規、權力失衡，而且不幸地，對方現在正占上風。

該反抗，還是迅速離開？

你可能認為這問題很容易回答，或是問題完全問錯了，也許你認為不應該放棄另一半，需要更努力經營感情。如果你的伴侶不是病態人格者，遇到這種情況無疑需要有建設性的解決方法。以下是幫助你成功改變關係的方法。

第一步，先進行反抗。意思是你明確而果斷地表明，不再對操縱者卑鄙的技倆作出回應。好處是，操縱者現在必須做出選擇。

他們可能會因應你要求而改變，開始比較尊重你，並且讓你們的關係回歸正常。但也有可能他們厭倦與你對抗，而直接另覓下一個受害者。他們或許也已經有人選，只要讓對方臣服於他即可。

如果情況是後者，你的伴侶就是病態人格者。真正的病態人格者不會改變自己的行為，或許他們幾個星期內會改進，但很快就會故態復萌。

無論是哪種情況，反抗最初可能會遇到操縱者的躲避、轉移和抵抗的情形，導致你們之間出現爭吵，說實話，這有可能造成你們的關係結束，因為在交往的過程中，彼此的角色已經定型，不是那麼容易改變的。

但如果你的反抗成功，你們之間的權力平衡就會改變。起初可能相當難處理，因為你將背負沉重的責任。不過，如果你真的相信這段感情，這可能值得努力一試。

第一步：打破既定模式

當你成為操縱者的目標時，你會習慣直接作出反應。如果有人向你大吼，你可能會「直接」哭出來或吼回去；如果有人指控你做了你根本沒做的事，你可能會「直接」開口為自己辯護；如果你發現某人說謊，你會想要「直接」跟他們對質；如果你看到另一半在派對上與別人調情，你會想穿過人群，「直接」給他們一記耳光。

有效的因應之道不是「立即作出回應」，而是「等待」，等事發一段時間後再作出反應。例如，當你必須應付路上狡猾的青少年，他們在你上班快遲到時，伸手向你要錢時，就可以用這招。

反應太快的問題是，你會不知不覺按照他們的要求行事。請記住，我們是在談論一個比你更了解你自己的人。你需要花一些時間思考一下發生的事情，並決定你的回應方式。當你情緒激動時，不要以直覺、本能或是慣性來回應，先停下來想一想。

既然你習慣對某些行為作出某種反應，比方說總是對某些問題回答「是」，那你就需要一些技巧來改進。例如，若是當面進行某種類型的談話會令人措手不及，不知如何反應，或對你不利，那就改用電話進行，電話是放慢談話速度的好方法。話題可能是另一半想用你的錢買一些貴重的東西，並對你說「我保證一拿到薪水就還你」這類說詞。或者，你的老闆利用某種卑鄙的伎倆逼迫你，好讓你別無選擇，只能點頭答應承接一項要花上數百小時無償加班的專案。

所以，你的直接反應可以是：

- 「請你等一下，不好意思。」
- 「有人來了，我必須得掛電話，五分鐘後再打電話給我。」
- 「我的手機快沒電了，我必須得找到我的充電器。我待會兒再打給你。」

有時候對你而言，連一個簡單的婉拒也很難說出口。請注意，你不是要求任何人的許可。你只是掛斷電話，而不是要跟人鬧得不愉快，也只是告訴他們，你需要幾分鐘的時間處理別的事情，這是你製造打破既有模式所需要的喘息空間。在這期間，你可以有時間思考對方實際上說了什麼，以及你應該如何因應。

如果是簡訊，只管忽略它，不要回覆，或者等一兩個小時再回。我有幾個朋友通常以閃電般的速度回覆簡訊，有人可能認為這會顯示他們非常有效率，但這也證明了他們無法好好思考要如何回答，有時可能會導致災難。

要讓彼此意見一致，就像是一項挑戰，需要特定的技巧。何不去倒一點咖啡、上個廁所、見個你素未謀面的人，或是拿起手機閱讀一封你得立即回覆的電子郵件。這些舉動都可以讓你得到一點思考的喘息空間。

好好思考。

就像前述的例子，狡猾的青少年非常清楚你正趕著去上班，所以才選在這個節骨眼伸手要錢。你不要馬上掏出錢包，而應該是跟他們說，如果能說出一個好理由，他們今天晚上就可以拿到錢（他們可能也想不出什麼好理由）。

有些人覺得這聽起來簡單到離譜，但對某些人來說則會讓他們心跳加速、不斷出汗。你知道如果你不假意順從，之後就會有麻煩。「打破模式」會讓你感到不自在，就是個問題。如果你連試都不敢試，就更要鼓起勇氣嘗試去做。

如果在得到一分鐘緩衝之後，你仍不能聚精會神思考的話，可以再跟對方說：

- 我需要時間來消化你剛剛說的話，所以等我仔細思考後才能回覆你。
- 這個問題需要多加思量。我會盡快回覆你。感謝你的諒解。
- 我現在不能給你答案。但我一定會仔細思考你的提案，也會盡快回覆你。
- 這聽起來像是一件重要的事情，我需要一點時間更審慎考量。之後我會回覆你。

給紅色人的建議

如果你是紅色性格者，你很可能已經翻到下一章，但可以請你考慮一下我的建議嗎？你在生活中應該已經意識到，你的急性子常常促使你草率行事，結果欲速則不達。你知道你太快反應，有時候甚至還沒有完全理解問題就作出反應。而且你不重視細節，可能會讓你付出相當大的代價。

給黃色人的建議

如果你是黃色性格者，你可能想知道如何讓自己閉嘴，因為你信口雌黃，許多未經確認的事情，全都說溜了嘴。你也知道你的多嘴已經在某些場合，對你造成嚴重傷害，不是嗎？好好閉嘴想一想！

給綠色人的建議

如果你是綠色性格者，那就做你最擅長的事：不要回答。別管你內心對衝突的恐懼，妥善利用你最擅長的被動式攻擊。我希望你只是搖頭說，你會先好好考慮再作決定。如果你的意思是「不用了」，那就不要說「好」。重複這句話十次。

給藍色人的建議

如果你是藍色性格者，也許你已經看出我的建議背後的邏輯。你能夠一邊盯著操縱者看，一邊思考，你不會因為對方沉默而感到困擾，而且如果有人試圖強迫你迅速回答，你會仰賴經驗來作出決定。

如果你遇到的操縱者技巧精湛，他們可能會動之以情。你的另一半想要向你「借」五千克朗（約台幣一萬九千元），並且大聲保證等到下一個發薪日就會還你；你的母親突然老淚縱橫，不明白你怎麼可以這麼無情，她總是給你最好的東西；你的主管揚言要把那項夢幻專案交給別人做，利用不可能實現的晉升機會引你上鉤。

不要上當。

我們談論的是操縱者。他們不可靠；如果是病態人格者，立即讓步會更加危險。讓步就是讓他們又多了一項武器來對付你。

不要期望在整個過程中你都可以保持冷靜和平衡。你可能真的會被迫躲進廁所暫避風頭。操縱者不會馬上放棄，他們會嘗試其他對你很管用的方法。他們想要為所欲為、習慣為所欲為，也打算為所欲為。

老實說，你創造的喘息空間只是短暫的平靜而已。過不久你將會面臨一些恫嚇。請記住，你剛生起被激發的反抗心，是因為你對這種關係感到不舒服，意識到這是不正常的情況，你想要改變。因此如果你一直做跟以往一樣的事，就會得到同樣結果。改變行為，處境才會開始改變，千萬別放棄。

第二步：不斷重複你想說的話

現在的年輕人幾乎不知道黑膠唱片是什麼，但以前我們常說：「他說的話就像是唱片跳針一樣。」用來描述重複說同樣事情的人。面對操縱者時，你說話的方式最好就要像唱片跳針一樣。我希望你像一張被刮擦的唱片，一次又一次重複你的訊息。

為什麼？因為你的操縱者最擅長讓你屈服於你無法抗拒的壓力，但是你必須加以抗拒。你不必把自己的意思解釋清楚，也不需要道歉或冗長的解釋。必要時，請重複說同樣的事情五百次。

「我想好之後會回覆你。」

話說完了，就這樣。

其中有一點非常重要。當聽到對方說：「你為什麼不回答問題」，或是「你何時才會回覆」時，都不要去回應。如果不小心被這些問題牽著走，你會再次失控，對話也會對你不利，或許像往常一樣又重蹈覆轍。

「我想好之後會回覆你。」

這樣說就好。

維持同樣的言詞，不要更改內容；保持一貫的方式行事，不要改變主意。言行一致的人會得到他人的尊重。如果你表現出不向壓力屈服，不論這種壓力是以眼淚、吼叫、威脅、承諾、或是會影響你的任何形式呈現，你會發現自己終將獲得掌控的能力。請確保你有那種掌控權。

始終如一的力量非常強大。

你說的話如同一張帶有刮痕的唱片，聽起來就像這樣：

操縱者：「你很擅長解決事情，所以就決定由你來負責規畫整場宴會！」

你：「我必須先打一個電話。不好意思。」

（利用喘息空檔深呼吸，想想是否要承接這項自殺任務。）

你：「久等了。不過，我需要多一點時間來考慮你的建議。我會盡快回覆你。」

操縱者：「（大概已經被激怒了）考慮什麼？你的意思是說你不打算負責規畫宴會？」

你：「我知道你很驚訝（識別操縱者真正的感覺），但我需要考慮一下，會盡快回覆你。」

操縱者：「嗯，我告訴你我沒辦法等太久。事實上，現在已經沒有太多的時間了。這正是我要你進行規畫的原因。我必須馬上得到你的回答。」

你：「我知道你很擔心，但我需要時間考慮一下。我會盡快回覆你。」

操縱者：「（對你突然的反抗感到有點生氣）你完全不講道理。我需要你的幫助，你卻陷我於困境。你有什麼問題？你需要考慮什麼？沒有什麼好考慮的！」

你：「（深呼吸）我明白你的沮喪。不過，我稍後會回覆你。再見。」

我建議你講完之後就馬上掛電話。

當然，你可以一開始就告訴對方「去死吧」，但這樣做你會有毀掉這項關係的風險，特別是你並不確定當事人是否意識到他們自身的操縱行為時，千萬別這麼做。

請銘記在心：始終如一的力量非常強大。

第三步：擺脫恐懼、擔心和內疚

恐懼通常是指害怕某種真實的事情，例如害怕被拒絕、害怕犯錯、害怕不被接受、害怕批評、害怕衝突、害怕別人的憤怒、害怕被團體排擠等，每個人或多或少會有這樣的感覺。

擔心是恐懼的其中一種變形，不過它往往是抽象的意向。例如擔心孩子出生時某根手指會太短、擔心出車禍、擔心失業等。

事實上我們擔心的事情大部分都不會發生。回顧目前為止的人生，反思一下你多年來擔心的一些事情，你會意識到這些擔憂之中只有一小部分有道理。這就是為什麼我常說樂觀主義者是現實主義者，因為他們認為一切都會照正常運作，而在大多數情況下，悲觀主義者是那些自稱為現實主義者的人，他們反而無法查證事實。總而言之，擔憂幾乎都是不合理的。

最後，內疚感是西方社會的一個問題（相對於東方社會，恥辱感對他們而言是更嚴重的問題）。內疚也是只有人類才會感受到的，其他動物不會。例如，內疚是因為覺得自己要為別人的糟糕感覺負責；如果你覺得難過或受到不好的對待，這全都是我的錯。

正如我以前說過的，厲害的操縱者想讓你失控，他們知道如何在你身上引發這些負面情緒。他們可以大吼、威脅、抽泣、哭泣，或者同時扮演受害者和殉道者，讓你感到擔心、恐懼或內疚。到現在為止，以上手段確實非常管用。

紅色人恐懼失去主控權

如果你是紅色性格者，只需要思考那些你無法控制的東西就好。你心中一定會想：「他究竟在做什麼？」我知道你不會表現出來，但是用不著聲稱你不會感覺到恐懼；你並不是完全沒有感覺。一般來說，紅色性格者害怕失去對人生中重要事物的掌控。

黃色人恐懼被孤立與拒絕

如果你是黃色性格者，你一向害怕被拒絕。如果你所有的朋友都背棄了你，你會是誰？對黃色性格者而言，最糟的事情莫過於被大家孤立。看看之前提到的拉斯和安娜的例子（雖是假設的例子，但卻很真實）。她設法孤立了他，這是最終擊倒他的原因。

綠色人恐懼衝突與巨大改變

如果你是綠色性格者，你會害怕衝突。即使是稍微提高的聲音，也會使你兩腳癱軟，這不是一種好現象。另外，你害怕巨大變化。如果有人威脅要大幅撼動你的世界，你就會讓步。

藍色人恐懼被愚弄和出醜

如果你是藍色性格者，最害怕的是遭到愚弄，擔心自己像個傻子在工作上、對親密關係中的某件事情一無所知。因此藍色性格者會盡一切可能來確保這種情況不會發生。讓自己出醜，被撞見做見不得人的事，會是他們忘不了的羞辱。

讓自己一點一點變堅強

當你決心切斷操縱者對你的威權時，會產生很多以下這樣的感覺：你會擔心接下來會發生什麼事；你會害怕某些非常具體的事情；最糟糕的是，你會感到內疚，因為這是你頭一次想到自己。

請別誤解，我並不會想像你是個完美的人。你和我一樣都有錯誤和缺點，但即使如此，你也不該被操縱和欺騙，所以你應該考慮一下自己的幸福，好讓自己擺脫操縱者的掌控。之後再慢慢花時間，修正你的缺點，把自己變好就行。

不過有一件事你必須立即做到，那就是增強對抗這些不愉快感覺的力量。成天害怕、擔心和內疚會很難忍受。我曾經歷過以上三種感覺。有一段期間，我成了擔心的專家，整天都在擔心。後來才了解，擔心的事情大部分都不會發生。

蘇珊・傑佛斯（Susan Jeffers）寫過一本暢銷書《恐懼OUT：想法改變，人生就會跟著變》（*Feel the Fear...and Do It Anyway*），書中她非常清楚地描述你可以對這些感受採取什麼方法，並且提供關於恐懼的真相：

- 只要你繼續成長，恐懼就永遠不會消失！
- 要擺脫對做某件事的恐懼，唯一的方法是走出去並勇往直前！
- 要對自己感覺好些，唯一的方法就是立刻行動！
- 面對未知，不只有你會害怕，其他人也會害怕！
- 衝出恐懼，並不像「無助感所引起的潛在恐懼」那麼可怕！

你不需要因為離開操縱者而感到內疚

簡而言之，感覺一向是真實的。否認感覺本身是沒有意義的，就像有人跟你說，世上沒有什麼事情好怕的，但這種說法從未幫你擺脫恐懼。感覺恐懼、擔心等是真實的，但不需要讓它支配你的生活。即使恐懼是真實的，還是有辦法可以對抗它，以免它阻礙你行動。

承認你總是會害怕一些事情，而且你老是會擔心生活中的某些時刻，比起要去忍受這些負面感覺不時出現還要容易多了，因為你無法讓自己不受影響。

當我指導客戶時，常常碰到有些人總帶有一種「生活必須要隨時保持完美」的態度，這是完全不可能實現的，而且堅持這個目標根本毫無意義。我們永遠不可能生活在烏托邦之中。

試圖忽視和躲避負面情緒，跟努力追求完全沒有衝突的生活方式，是同樣愚蠢的行為。現實中烏托邦並不存在，所以你必須放棄那種幻想。

相反地，你應該做的是學習與某種程度的恐懼和擔憂共處。當你沒有對自己或你所關心的人負責任時，產生內疚感是正常的。但是你不需要為了擺脫剝削你的人而感到內疚。從現在開始，就讓操縱者自己去想辦法吧。

如何學習與恐懼共處

方法其實非常簡單。就與治癒蜘蛛恐懼症的作法不謀而合：讓害怕蜘蛛的人一次面對少量的蜘蛛，直到他們發現蜘蛛其實沒有那麼危險為止。這種經驗確實令人不愉快，但是不太會有危險。以上敘述雖然簡短，但實際過程相當複雜，只不過基本上就是試著讓自己接觸害怕的東西。

如果你害怕黑暗，治療師會要求你在黑暗中坐一會兒，直到你意識到這並不危險。同樣適用於車禍或墜馬後的心理治療。即使你感到害怕，你也得重新回到車上或馬鞍上才行。

如果你的伴侶要求你做一些你真的不想做的事，而你害怕拒絕對方時，請把那種恐懼，與你真的（勉強）遵照對方要求時，身體會得到的感覺相比較一下。想像一下你的伴侶要求你做一些無法苟同的怪異和扭曲的性愛姿勢，這很容易想像你的感覺那會是什麼樣子。當你拒絕對方時，你知道他們會生氣／板起面孔／暴怒，而且他們會運用很多操縱技巧，要你改變主意，並按照他們的要求去做。假設你同意他們的怪異需求，你的感覺如何？照他們的話做，比起當你說「不」，看到他們心情惡劣的樣子，真的有比較好過一點嗎？

想想在《恐懼ＯＵＴ》中所說的，並使用前述的技巧說「不」。請記住我之前說過的話：你不應該勉強自己，你值得更好的。

每個人心裡都會有負面感覺，誰都不能完全避開，但你可以選擇會觸發這些感覺的因素：你自己或別人。你應該要為自己和自己的人生負責，當你被操縱時，請大聲、清楚地拒絕。

想想看，每個人在離開舒適圈時都會感到擔心和恐懼，卻有人會選擇忽略這些感覺，即使害怕也想去做。因此問題不在於恐懼，而在於你選擇如何處理它。

請記住想法並不危險。恐懼和擔憂全只是你的想法而已。你老是在腦中想擔心妻子會扳起臉孔，擔心她會在整個週末跟你冷戰，擔心她會因為你沒有同意她的無理要求而大聲抱怨和哭哭啼啼，以上事情在還沒實際發生之前都不是真的，你可以先改變自己的想法：「現在我必須重新掌握自己的人生」。

第四步：直接陳述對方的操縱行為

只要你和操縱者之間認定的默契不變，操縱就仍舊存在。因此，你需要直接說出你經歷的是什麼樣的情況。

在家裡或工作時面帶愁容是沒有意義的，因為沒有人能夠讀懂你的心思。你需要做的是，提出你對實際情況的想法，與操縱者溝通。請私底下採取有條理的方式進行。你不需要安排豪華晚餐，但是要確保你可以在不受干擾的情況下交談。

試著擬定你想說的話。以下是範例，讓你了解該如何做。

1. 當你……（描述操縱者正在做你希望他們不要再做的事情是什麼）
2. ……我感到……（確切說明這會引起你哪種負面情緒）
3. 如果你停止（做出令人不愉快的行為），改用……（描述在這種情況下你希望對方做出的行為）
4. ……那麼我會覺得……（確切描述，你希望與對方共處時，會有什麼感覺）。

你需要按照以上順序確切表達出你的意思。這樣一來，操縱者才有可能理解你的話並聽進去。如果他們算是明智的人，只是陷入某種不適當的思維，那麼當你使用這種方法，你會看到改變。

以下是幾年前我指導某個人的例子：

1.當你提高聲音，對我吼叫時，

2.我感到害怕和擔心

3.如果你停止吼叫，改用一種平靜的聲音問我，

4.那麼我會覺得你在尊重和重視我。

如果孩子硬要你陪伴，卻無法如願，而老在抱怨時可以這麼說：

「當你說自己一直都是這麼孤單時，我感到很不快樂。如果你不是一直談論你很孤獨，而是告訴我你今天和爸爸做了什麼，我就會很放心。」

在工作上，聽起來會像這樣：

「當你罵我是一個無能的笨蛋時，我覺得自己毫無價值，只想回家。如果你不是質疑我的能力，而是指出我犯了什麼錯誤，並建議我應該以不同方式來做，這將使我想增進自己的能力，並且把工作做得更好。」

如果這天你感覺很有力量，或許可以更大膽地說：

「當你總是抱怨你感覺很差，並且暗示那是我的錯時，總讓我產生罪惡感。如果你沒有因為想像出來的病痛賴在床上，而是起床穿好衣服，做些有用的事情，這會讓我對這段感情更有信心。」

現在我們已經打破了一個模式，不是嗎？對方的反應或許會讓你感到驚訝。

正如你所看到的，每一個例子都遵循這四個步驟。趕緊拿出紙筆寫寫看，這並不是一件壞事。你首先想到的情況是什麼？他或她的行為讓你感覺如何？現在起你希望得到什麼？你想要有怎樣的感覺？寫下完整的構想，自己大聲朗讀幾次。

當你向操縱者解釋自己的態度時，要以冷靜而自信的聲音表達。我知道，這知易行難，但是練習幾次就容易多了。

要說清楚你的意思有個好方法，那就是說出下列幾點：

「我知道，你要吼叫／哭泣／責怪是你的自由，但現在我要讓你知道，這讓我感到不高興／害怕／毫無價值／不安心。」

為什麼這很重要？一方面是你重複說了操縱者並不期望從你那裡聽到的事情，另一方面是你已經把他們的行為視為是他們蓄意的選擇。你說過要為自己的感覺負責，所以如果你說他們的行為導致你的種種負面感覺，將會促成你與對方的討論，而結果很可能對方會說你的感覺全是錯誤的……

現在就看操縱者是明智，還是不明智了。

第五步：徹底摧毀操縱行為

這步驟可能會要花費幾星期、甚至幾個月的事。過程中你會重新掌控你自己、你的感受、你的生活，但這是都是值得努力的。

操縱者（你丈夫、你的同居伴侶、你的老闆、你的同事、你的孩子、你的母親，或是你可能應該絕交的可怕朋友）不會樂於接受這點。在你根據前面的重點作出陳述之後，你會得到的答案不會是：「哦！我不知道會那樣！對不起，我會立即停止那種行為。」

改變行為需要時間。要從壞行為轉換為好行為，可能需要數個月的時間，這就是為什麼我想提醒你始終如一的力量非常強大。

一旦你攤牌，話就說到這裡就好。

如果你說過你不會接受某種行為，就得必須捍衛下去。如果你的操縱者碰巧是病態人格者，他們會立即贊同你的條件，並在你的行為中尋找漏洞。一旦發現你的缺點，他們會更進一步傷害你。

因此當你確保自己的言行始終如一的時候，你就會非常強大。

當操縱者對你爆冷戰、吼叫、咒罵、摔門、用拳頭捶桌面、憤怒、嘲笑、哭泣、崩潰、生悶氣、鄙視、嘆息、忽視、威脅，或是使用曾經攻陷你的任何策略時，你就簡單地說：「我明白你要我做／不做的那件事，但是你的策略是行不通的。」

像是：

- 我知道你要我做這項工作，但是你的威脅對我不管用了。
- 我知道你想要我明天跟你一起去，但是不理我，對我不會起任何作用的。
- 我能理解你想要我做那件事，但是你生氣、咒罵，又對我揮拳頭，這些都已經行不通了。

你只需要做的就是冷靜和鎮定地解釋：「我知道你在做什麼，那已經不管用了。別再說了。」

這時候，操縱者需要嘗試別的伎倆，或者開始以尊重的態度來對待你。

第六步：開出你的條件

事實上，相較於職場，這手法運用在親密關係上會更有效。如果你有一個操縱型的老闆，那將影響你的決定。我曾經遇過一個數一數二好心的老闆，他給我一個好建議，那就是：你應該選擇你的老闆。跟錯老闆，就不會有任何發展，因為你無權決定干涉老闆的決定，只能訴諸他的常識，並且希望他們能從你所說的話中看出事情的嚴重性。他們需要具備某種程度的智慧。這句話的意思是，如果你的老闆真的不願意聽你說話，也許是考慮另謀高就的時候了。

若在家裡會比較容易實行。你可以對你的伴侶、你的母親、你的兄弟姊妹說，如果他們不尊重你，你就會準備離開他們。

我知道這同樣知易行難。但如果你已經確定是和一個操縱者一起生活，你就會知道自己感覺很差的原因。

避免彼此撕破臉，首先你可以解釋，你開出的條件是為了回歸到正常關係而設的。請注意現在不是把控制權切換到你這邊的時候，也不是要為過去幾年復仇，那樣做跟操縱者的所作所為沒什麼兩樣，而且我知道你會做得更超過。在行動之前，你的確需要解釋一些事情，說明一切都是彼此而建立某種原則。

以下是我建議的作法：

1. 解釋從現在起，你決定在你們的關係中做或不做什麼。你會同時考慮自己的需求，以及其他人（包括操縱者）的需求。
2. 向操縱者解釋，你想得到什麼樣的對待，例如尊重。你希望操縱者表現出重視你這個伴侶。直截了當地說你不會再讓自己受到傷害。
3. 建立規則和界限，並表明你不會再容忍任何的操縱技巧，最好一一舉出你觀察到的那些操縱。

（請注意不要威脅對方，這反而會使情況變得更糟。只需提醒，不管程度如何，一旦踰矩，你將不會再給他們有溝通的機會。）

4. 告訴操縱者，你一樣有需求、原則、意見和價值，哪怕與操縱者的標準不一致也沒有錯。就算他們認為自己是正確的，並不意味你就是錯的。
5. 當你為自己設定好明確的界限時，你期望彼此的感情能有更高的品質。
6. 最後（也許帶著友好的微笑和親切的眼神）詢問操縱者，確認他們是否已經聽進去，並充分理解你的訊息，而且他們未來也會一起努力。

話說完了。

然而，一直操縱著你，也許操縱你多年的人，不太可能就簡單說：「當然，沒問題。」不過，如果你已經按照你計畫中的前六個步驟來重新建立你的人格，並不會令人感到驚訝。

當你要解釋這些事情時，會產生新的恐懼、新的擔憂和一些內疚感。因此要做好準備，抗拒為負面情緒而放棄的本能。請記住，問題本身一點都不可怕，而是你如何處理這個問題。現在你正好有個機會，可以改變彼此不正常的關係。

最好的情況是操縱者逐漸改變自己的行為。靠著你的決斷力，尤其是你始終如一的態度，或許對彼此感情注入一股新的活力，提升到一個你意想不到的層次。

然而，最壞的情況即是，操縱者表示一切都結束了，然後離開了你。這種結局可能會發生，但是問題並不完全出在你身上。這牽扯到操縱者想從你身上得到什麼東西卻無法如願，因此轉而從別人那裡得到罷了。如果他在感情中無法得到他想要的，就不會和你有任何關係。

問問你自己，「這段感情真的值得投資嗎？」

第十七章
對付病態人格者的最終絕招

「事實：每四十七秒就有一位病態人格者出生。」

——肯特．基爾（Kent A. Kiehl），《病態人格溝通者：良知泯滅者的科學》（*The Psychopath Whisperer: The Science of Those Without Conscience*）

如何避開病態人格者

有很多女性顯然深受病態人格者吸引，並自認為可以治癒他們的扭曲行為。這正好可以解釋為何在世界各地，有很多重刑犯因謀殺、誤殺、強姦、攻擊、虐待、戀童癖等令人髮指的行為而入獄，卻比其他罪犯收到更多渴求愛情的女性寄來的情書。

為什麼？

這類女性本身也有心理不平衡的問題。她們對這些殺人犯和其他犯下滔天罪行的凶手所犯下罪行感到著迷，甚至也願意犯下重罪。某些研究顯示有暴力傾向的女性常和同有暴力傾向的男性為伍。

另外也有自卑感的問題。女性若與危險男性為伍，似乎可以獲得一定的地位，還會在朋友圈內炫耀，這類的情形並不稀奇。還有什麼比跟殺人犯在一起更危險的呢？有些女性有某種難以解釋的自戀，而產生「沒錯，他是殺了其他女人，或強姦了她們，但是我不一樣。我可以治好他」這種危險的想法。

許多病態人格者擁有的魅力讓人如癡如醉。你或許很難相信，在小瑞典，有不少被判處長期監禁的殺人犯和暴力分子，會與他們的律師、受害者的律師（！）、精神科醫生，診斷他們為病態人格者的心理學家、警察和獄所人員談戀愛的案例。不難理解病態人格者行為的背後動機，但哪些和病態人格者談戀愛的人呢？他們可都是洞察力強的人。

最糟糕的例子是病態人格者成功地愚弄精神病學專家。海爾也承認曾被病態人格者愚弄。如果連他都看不出危險，更不用說你我碰到病態人格者時會發生什麼事情。

病態人格有種異常的吸引力，有時甚至會被描述成是電影中的英雄。以電視影集

《雙面法醫》（*Dexter*）的主角德克斯特・摩根（Dexter Morgan）為例，該影集播出超過八季，如果每集的平均值是一個受害者，那麼他肯定是影集史上最糟糕的連續殺人犯之一，假使認真來算，估計可能會有數百名遇害者。然而我們卻對他著迷不已。

如果你看過這部影集，可能在想德克斯特只殺害殺人兇手，所以他對社會確實有一些好處，就像００７的主角詹姆斯・龐德一樣。我不贊成自行執法，動用私刑，而且現實生活中的暴力病態人格者不會像德克斯特那樣自制。

在影集最後，德克斯特的妹妹試圖保護他時遭到殺害。他很懊悔，這當然顯現出他人性化的一面。問題是在真正具有殺人本能的病態人格者，不會因為他周遭的人受苦而感到懊悔。

即使如此，我們仍「支持」德克斯特，就像現實生活中某些女性支持的病態人格者一樣。她們在監獄中尋找病態人格者，聆聽他們的故事，聽他們描述自己如何成為「受害者」，如何在一個拒絕聆聽的法律制度中被誤判有罪。沒有人理解他們，現在終於來了一個似乎理解他們的女人。許多報導指出病態人格者在童年曾有不好的經驗，這與他們的病態人格沒有任何關係，除了某些可疑的案例除外。病態人格是與生俱來的東西，基本上跟後天你父母對待你的態度無關。

有些進階的理論認為病態人格是可以後天養成的，例如藉由特定方式對待年輕人。像是某些非洲國家會先給九歲孩子吸大麻，接著提供他們步槍，鼓勵他們開槍射擊死豬。一連串的步驟中，培養出能用AK47步槍殺人的九歲孩子。但這不是病態人格，而是灌輸和洗腦，一種鈍化人類同理心的方式。或許可以說讓孩子們執行可怕行為的人才是病態人格者。

許多女性認為她們可以改變罪犯，可以治癒病態人格者的心魔，使他們成為「正常人」。甚至有人聲稱專家們完全同意這一點，這種說法是嚴重的錯誤！研究人員達成一致的共識就是：「治癒病態人格是不可能的任務」。病態人格是一種由大腦異常引起的人格障礙，研究相關問題的神經生物學多不勝數，每年都有新發現。在核磁共振造影（fMRI）掃描的幫助下，我們可以精確判斷偏差位於大腦的哪個位置，簡單來說，我們注意到這似乎牽涉到杏仁核，也就是大腦的記憶和情緒中心，目前它是不可能治癒的。

藥物不管用，更不可能動手術。就算要動手術，那要在哪個部位動手術？幾十年來，腦白質切除術（lobotomy）[1]被認為不可行。

自一九六〇年代以來，試圖治療病態人格的方法都失敗了。相反地，反而會讓情況更惡化。治療的重點通常是試圖讓病態人格者了解自己的行為，一般來說是件好事。但如果對他們解釋其他人是如何因他們的行為而受害，他們只會得到新的點子。有關病態人格的文獻，包含了許多病態人格者行為的例子，都讓這些病態人格者在治療過程中運用他們所學到的一切進入社會，造成更多的傷害。畢竟，他們手中有一本指導手冊。他們只要營造給人可信的印象，讓人覺得他們恢復正常就好，這反而把大家迷得團團轉。唯一對抗病態人格者有用的武器似乎是年齡。隨著一年一年過去，病態人格者的行為將會趨於正常。

我曾遇到一個不太熟的人，只是有共同認識的人，也就是他的前妻。這男人具備很多病態人格的特徵。他曾寄一封電子郵件給我抱怨他的前妻，認為我應該為此做點什麼。奇怪的是，他經常提到我是行為科學家，大概是要告訴我，應該把他前妻視為壞人。

這男人表面上親切友善、擅長社交、外向迷人，但思想有點古板，相當自我中心，然而，整體來說是相當無害的一個好人。如果你沒有和他一起生活，你永遠不會相信他有什麼特別之處：他在私下和工作中都有許多「棋子」圍繞身邊。

有一些有趣的事實顯示了另一個情況。這男人一生都在模仿跟他伴侶的興趣。他前妻的興趣是園藝和家居裝飾，結果他也跟著一起在草坪上到處挖洞，還剝掉壁紙重新裝修房子。另外，前妻平日做很多體能訓練，當她開始上健身房時，他也跟著去健身。他每週訓練許多次，健康狀況也變得不錯後，甚至自告奮勇要擔任她的私人教練（這行為實在有點誇張），儘管他的前妻才是最專業的那個人。

說實在話，這些事情也不是特別奇怪。很多夫妻會分享彼此的經驗，來激勵對方。但他的行事作風就是很怪異。當前妻買了夢寐以求的一匹馬，開始騎馬時，他也開始學騎馬，甚至熱中到去上更多額外的課程，導致前妻沒有時間繼續騎馬。當他在練習她感興趣的活動時，前妻卻得待在家裡顧孩子。不久，他便開始控制她的人生，

1　由葡萄牙神經外科醫生莫尼茲（Egas Moniz）所發明，他運用蛋白質切斷器的手術儀器來切除額葉。腦白質切除術主要盛行於一九三〇到一九五〇年代用來醫治一些精神疾病。

並把她擺在次要的位置上。

異常的行為，是我們必須檢視的模式。每個人有時會做出無法解釋的事情，甚至連自己也不明白為什麼。我們做出的決定並不總是合乎邏輯，但是當某種行為重複很多次時，自己應該要有所警覺，因為它不會就此結束。這男人對他的前女友也做過同樣的事情。對方是體操界精英，後來體操也成了他的興趣。他結婚前也不曾去過健身房、在草坪上挖洞或騎馬。然而，現在他對上述這些事不再感興趣，也不再做了，而是改去幫別人辦婚禮，因為那是他現任女友的工作。他的新女友經營了一家專業婚顧公司。我們非常納悶他對這些興趣的看法究竟是什麼。

我不太懂這男人想從我身上挖些什麼，但我真的不想捲進他與前妻的爭執中。因此，我先回答他說，就我身為行為科學家的立場來看，我早就明白你們之間衝突的原因，而我也無法再多做什麼回應，所以才忽視他的信。當然他不會就此罷手，所以最後我仍就他的疑問給了他一些線索，例如為什麼他的孩子拒絕見他。

這男人聽到我的回答後，反應很有趣。他思考一陣子之後，在某些方面開始表現「正常」。他表現出自己好像真的在乎孩子，並且要為孩子負責一樣。甚至還和他遇到的每個人說他很關心孩子，就好像他早就知道如何當個好爸爸，但其實這是他不久前我告訴他的事。當這男人說孩子就是他的一切時，周圍的人都相信他。這些人被他油嘴滑舌的說詞唬的一愣一愣的，完全不知道他根本什麼都沒做。

現在我不再回覆他的電子郵件，也不給他更多的建議，因為這根本是助紂為虐，就讓他自己去摸索如何變「正常」吧。我不清楚之後他變成什麼樣的人。

如何面對病態人格者

所有專家都建議，你必須得拉開你與病態人格者的距離。別想勸導他們，或讓他們明白其所作所為會傷害到你或你身邊的人。更不要試圖與病態人格者談判，也不要想跟他們接觸。任何的接觸只對病態人格者有利。他們會積極地使你周遭的每個人與你為敵，操縱他們遇見的每個人，讓他們相信你是惡人。

你必須明白，這絕不是在服藥或治療療程結束後會改變行為的精神病個案，病態人格者是永遠不會改變。

如果你讀過前一章，並且接受關於如何取回自我控制權的建議的話，你很快就能判別，你面對的人是不是病態人格者。如果你們的關係逐漸回到常軌上，並持續很長的一段時間，你可以感到慶幸；如果你很快又陷入同樣的循環，那麼很不幸地，現在你只有起身走人。

盡可能拉開你和病態人格者之間的距離是唯一方法。在現實生活中，說比做要簡單得多。然而，對病態人格者來說，你只是一種可以被替代的資源。

我認識一些已經和父母撇清關係的人，他們的父母長期以來都是驚人的能量吸血鬼蟲。切斷親子關係是個困難的決定，但你不能停留在一個只會擊垮你的環境中。

就我自身經驗，幾年前我結束了一段感情。在這段感情中，我曾和前女友說，如果我們之間要有未來，就得做一些改變，也做了前一章描述的「維持現有關係的條件」。

然而，對方根本不願理解我，所以我跟她分手了。之後，她為了報復我，採取了一些行動，那時我才明白她是如何看待我們之間的感情。

她想要得到我名下的所有財產，因而控告我以奪取我的公司，又指控我偷竊、詐保和其他莫須有的罪名。當下我感到晴天霹靂，心想她以前應該是愛過我的啊，為什麼會如此心狠手辣。最終我仍然從情傷打擊中站起來，知道這種關係是毫無未來可言，也讓我得到一個慘痛的教訓。結束這段關係後，至少現在我能決定自己的人生。

不要試圖與病態人格者對抗，排除任何報復的想法，因為報復對他們起不了作用。另外也不要在社群媒體上說他們是病態人格者，他們絕對會做好準備，反過來打擊你。如果他們認為你是個大麻煩，就會變得更加凶猛，並且毫不留情地打趴你。他們很有可能會成功。因為他們在各種地方已經建立虛假的好形象，而他們的「棋子」無處不在。當你外出工作養家餬口時，他們會打電話給很多人，描述你和你們之間的關係。你是無法贏過他們的。當然你可能會認為自己不該被人欺負，但還是老話一句：起身走人吧。

你無法贏過病態人格者，因為你是人類，有感覺、有同情心，而且如果你傷害別人，會感到悔恨。相反地，病態人格者不會有任何感覺。對他們來說，你就跟印度加爾各答街上的流浪狗一樣不重要。你什麼都不是，你對他們而言毫無意義，只是個會擋住他們去路的人而已。

如果你愛上了一個病態人格者、碰巧與病態人格者結婚，或者你發現你和一個病態人格者生了孩子，儘管背後原因非常複雜，還是起身走人吧！

如果你發現某個同事，或你的老闆是病態人格者的話，趕緊另謀高就吧。除非你可以隨時保持警覺，但那會是怎樣的工作環境呢？另外，由於你無法摸清病態人格者的想法，也許你會成為下一個受害者，只因他們想看看是否能毀掉你，對他們而言是件有趣的事。假使你是妨礙他們晉升的敵手，他們絕對會把你除掉不可。

所以趕快起身走人吧！

結語

遠離操縱，找回自尊

「天真無知者的信任，是騙子最有用的工具」。

——美國暢銷書作家 史蒂芬・金（Stephen King）

親愛的讀者，很高興你一路看到這裡。我寫這本書的初衷是，我注意到有些人以錯誤且狡猾的方式使用DISA性格學，因此想要糾正大家的觀念。絕不能說你是紅色性格者，就有行為不當的藉口，或是「因為我是黃色性格者，所以沒辦法整理好文件」，把責任歸咎於黃色性格上。

利用性格來剝削別人更是不能容忍的。讀完本書後，你應該已經知道，如果你被病態人格者操縱時應對的方法。有非常多的例子告訴我們，在私生活和職場上被病態人格者操縱，我們很可能會出現創傷後壓力症候群（PTSD），身體也會長期感到不適。若不幸地這些正好發生在你身上，也不要害怕尋求專業協助。像是在許多個案中認知行為療法（CBT）對於緩解症狀非常有效。最重要的是，不要單只依靠自己，而要對外尋求幫助。

如果你不想採取任何行動，那麼至少讀一本關於病態人格主題的書。在書末我附上延伸閱讀書單，一部分是病態人格最新的研究，另一部分是應對的方法，例如告訴你建立自尊心，更可以抵抗病態人格者的操縱等。

你需要一直擔心會遇到病態人格者嗎？現在是否要合理懷疑遇到的每一個人？

不用這樣做。但知識就是力量。

現在你已經知道以前沒有想過的危險，也知道大多數的人有自己的盤算，並且準備放長線釣大魚，可能會利用你來取得利益。

實際上就如同開車會存在風險，卻不會阻止你開車的意願，對吧？想想當你手握方向盤時，你會環顧四周，注意其他用路人。這不代表其他駕駛都想要撞你，但你有方法來避免跟其他用路人之間發生事故的風險。如果你持續注意周遭的一切，比方說交通號誌的變換、救護車的警報，讓出空間給車旁的自行車手的話，通常是不太會發生什麼事故。

我希望你對那些不認識的人，或者相當熟知的人都要提高警覺，注意他們是如何行事，以及如何看待你們之間的關係。

請將本書的內容銘記在心。如果有人獲得你的信任，你要知道他們並不是終生獲得你的信任。如果原來非常具有同情心的人突然開始行為惡劣，那麼他三個月前所做的事就毫無價值。請根據對方最近的行為，而非最初的行為來判斷。

對方的真實樣貌，會顯現在最近的行為上。絕對不是最初他們在引誘你進入圈套時所用的虛假個性。請記住，信任必須是靠不斷爭取得來。

想像一下，假設有個男人每天早晚都會掌摑他的妻子，你會建議妻子考慮一下孩子、貸款和自己的面子，以及丈夫三年前對她有多麼好，然後鼓勵她繼續維持這段婚姻嗎？

不，當然你不會。你會盡力幫助妻子擺脫這個折磨她的人。

以上正是成為病態人格者、有病態人格者特徵者、或是一般操縱者的受害者常會碰到的情況。但情況可能是從家暴轉變成精神虐待，或者是精神上的折磨，然而選擇留下來不會是最佳選項。

別管孩子們是否會有一個破碎的家；別管離開的人可能會有一段經濟困難期；別管別人會怎麼想。

虐待就是虐待，無論是身體上的還是精神上的。

最後，你只要問你自己：「你到底值多少自尊？」只有你能回答這個問題。

「有些謊言比事實更容易讓人相信。」

——布萊恩．赫伯特（Brian Herbert）和凱文．安德森（Kevin J. Anderson），

《沙丘》（*DUNE*）

延伸閱讀

Bentley, Barbara, *A Dance with the Devil: A Ture Story of Marriage to a Psychopath*, Berkley Publishing Group 2008

Black, Will, *Psychopathic Cultures and Toxic Empires*, Frontline Noir 2015

Boddy, Clive R., *Corporate Psychopaths*, Palgrave Macmillan 2011

Cascadia, Janet, *Tyranny of Psychopaths*, Createspace Independent Publishing Platform 2015

Clarke, John, *Working with Monsters*, Random House Australia 2002

Cullberg, Marta, *Självkänsla på djupet- en terapi för att reparera negativa självbilder*, Natur & Kultur 2009

Duvringe, Lisbet och Florette, Mike, *Kvinnliga psykopater*, Ekerlid 2016

Ekrison, Thomas, *Omgiven av idioter - hur man förstår dem som inte går att förstå*, Hoi förlag 2014

Evans, Patricia, *Controlling People*, Adams Media Corporation 2002

Forward, Susan och Frazier, Donna, *Emotional Blackmail*, William Morrow Company 1998

Gregory, Deborah W., *Unmasking Financial Psychopaths*, Palgrave Macmillan 2014

Hare, Robert D., *Psykopatens värld*, Studentlitteratur 2005

Hintjens, Pieter, *The Psychopath Code*, Createspace Independent Publishing Platform 2015

Hyatt, Christopher S. och Tharcher, Nicholas, *The Psychopath's Bible*, Original Falcon Press 2008

Jeffers, Susan, *Feel the Fear and Beyond*, Vermilion 2012

Jeffers, Susan, *Feel the Fear – And Do It Anyway*, Vermilion 2007

Kiehl, Kent A., *The Psychopath Whisperer*, Oneworld Publications 2015

Lindwall, Magnus, *Självkänsla bortom populärpsykologi*, Studentlitteratur 2011

Lingh, Sigvard, *Vardagspsykopater*, Recito 2011

McKenzie, Jackson, *Psychopath Free*, Berkley Publishing Corporation 2015

McNab, Andy och Dutton, Kevin, *The Good Psychopath's Guide to*

Success, Corgi 2015

Näslund, Görel Kristina, *Lär känna psykopaten*, Natur & Kultur 2004

Ronson, Jon, *The Psychopath Test*, Picador 2012

Shelby, Richard, *Hunting a Psychopath*, Booklocker.com 2015

Törnblom, Mia, *Mera självkänsla*, Forum 2006

Törnblom, Mia, *Självkänsla nu!*, Forum 2005

人生顧問368

無良這種病：瑞典行為科學家教你利用DISA性格學，徹底擺脫病態人格者的暗黑操控

作　者—湯瑪斯・埃里克森（Thomas Erikson）
譯　者—林麗冠
副主編—郭香君
責任編輯—龍穎慧
責任企劃—張瑋之
美術設計—莊謹銘
內文排版—新鑫電腦排版工作室

編輯總監—蘇清霖
董事長—趙政岷
出版者—時報文化出版企業股份有限公司
108019台北市和平西路三段二四〇號一至七樓
發行專線—（〇二）二三〇六六八四二
讀者服務專線—〇八〇〇二三一七〇五
（〇二）二三〇四七一〇三
讀者服務傳真—（〇二）二三〇四六八五八
郵撥—一九三四四七二四　時報文化出版公司
信箱—10899台北華江橋郵局第九九信箱

時報悅讀網—http://www.readingtimes.com.tw
綠活線臉書—https://www.facebook.com/readingtimesgreenlife
法律顧問—理律法律事務所　陳長文律師、李念祖律師
印　刷—勁達印刷有限公司
初版一刷—二〇一九年七月十二日
初版二刷—二〇二二年六月三十日
定　價—新台幣三九〇元
（缺頁或破損的書，請寄回更換）

時報文化出版公司成立於一九七五年，
並於一九九九年股票上櫃公開發行，於二〇〇八年脫離中時集團非屬旺中，
以「尊重智慧與創意的文化事業」為信念。

無良這種病：瑞典行為科學家教你利用DISA性格學，徹底擺脫病態人格者的暗黑操控／湯瑪斯・埃里克森（Thomas Erikson）著；林麗冠譯. -- 初版. -- 臺北市：時報文化，2019.07
面；　公分. --（人生顧問；368）
譯自：Omgiven av Psykopater
ISBN 978-957-13-7854-1（平裝）

1. 心理病態人格

173.75　　108009928

Omgiven av Psykopater by Thomas Erikson

ISBN 978-957-13-7854-1
Printed in Taiwan